學者講壇

潘銘基 著

U0014954

微觀《漢書》

史家筆下的西漢人和事

中和出版
OPEN PAGE

中

出版緣起

　　學術之走向大眾和社會，常源於三尺講臺和講臺後的學者，這已被 40 年前的「走向未來」叢書和 20 年前的「百家講壇」所證實。從象牙塔裏走出的學人，既為莘莘學子傳道授業解惑，又將講臺資源公共化，經由通俗生動的表達和出版或媒體的通道走向大眾社會，從而產生跨界影響。知識的這種深與淺、遠和近、少與多、開放與封閉、神祕深藏與高光解密……構成無數對交互關係。由此，安靜、局部、專有變為回響、無界和共享。狹窄、艱深、刻板的學術學問如鳳凰涅槃，一飛沖天，在從出版到影視到互聯網和新媒體領地，一度成為焦點新寵。

　　但事情也不盡然。一方面大眾需要更多的知識供應，另一方面看似豐富多樣的知識生產，卻陷入明星化和頂流化的品牌依賴。前

明星階段和未頂流時期的孵化培育被忽視、忽略乃至放棄，尋求現成「爆品」、「王炸」的急功近利甚囂塵上，基礎的、積累的、漸進的方式讓位於急躁浮誇的效率速度，誇張注水和根基淺薄同時侵蝕了專業學術和大眾傳播！

有鑒於此，作為弱勢傳媒或傳媒底層的出版倒要不知深淺、不揣冒昧地劍走偏鋒。

中和出版深耕港澳十數年，一直致力於關注和推動人文出版、文史出版，此番有意在港澳學界，以中青年學者為主，將其擅長、主打的學科或授課專題，精編成冊，歸在「學者講壇」名下，一一出版，聚成規模，漸成氣象。以此召喚和帶動學術研究、課室教學和社會閱讀的交會，讓學者走上講壇又破墙而出走向社會，讓專業知識成為公共資源，讓詰屈聱牙變為流暢生動，讓文史哲成為全民閱讀豐富內心的必由途徑。當然，也希望藉此推動文科產學研和圖書市場的風雲際會，更希望一大批中青年學者由此脫穎而出，走出書齋，以學術和社會雙重使命感，著書立說，傳承學統，分享知識，服務公共。

是所望焉，期待「學者講壇」能夠達此目的！

陳鳴華

二零二四年五月十三日

自序

　　要了解二千年前的西漢社會，有不少途徑，可以借助考古發現，可以重讀經典，可以作田野考察，其實最簡單的是讀《漢書》。

　　《漢書》，題為班固所撰。用上了「題為」二字，並不代表班固沒有參與其中，而是作者大可能不只一人。李威熊《漢書導讀》論及班彪、班昭、馬續三人皆嘗參與其中：

> 其父班彪曾作《太史公書後傳》，旨在續《史記》武帝以後之事迹，此書即班固作《漢書》的藍本。[……] 可知班固作《漢書》，乃紹承父業，但八表及天文志未及竟而卒，由其妹昭，及馬嚴之子馬續踵而成之。《後漢書・曹世叔妻傳》說：「兄固著《漢書》，其八表及天文志未及竟而卒，和帝詔昭，就東觀藏

書閣踵而成之。［……］時《漢書》始出，多未能通者，同郡馬融伏於閣下，從昭受讀。後又詔融兄續繼昭成之。」司馬彪〈續漢書天文志〉也說：「孝明帝使班固敘《漢書》，而馬續補〈天文志〉。」《玉海》及《藝文類聚》乃謂：「劉昭〈補志序〉云：『續《志》、昭〈表〉。』以是推之，表其班昭之補？〈天文志〉其馬續所成歟？」可知終固一生，《漢書》未成。［……］總之，《漢書》的成書，經過班彪、班固、班昭、馬續四人之手，但以班固為主。[1]

據李氏所言，是班彪有着繼承《史記》之願望，故有續寫《史記》之舉。所謂續寫《史記》，其實就是續寫漢武帝以後的西漢史事。然後，便是班固接手編撰《漢書》，算得上紹承父業。可惜的是，雖然歷經了父子兩代，《漢書》依然未能完成，而班固便已撒手人寰了。幸好還有妹妹班昭和馬續，合作將班彪、班固未有完成的部分繼續下去，最後《漢書》終告順利完成。總之，《漢書》的作者理應合共四人，分別是班彪、班固、班昭、馬續，其中以班固寫的最多。

曾經有一段時間，起碼自書成以後，《漢書》便得到了一個好壞參半的稱號：難讀之書。好處是代表着此書意蘊含蓄，饒富深意；壞處是因其艱深，大家漸漸不再關注。但想深一層，《漢書》有超過一半內容與《史記》相同，為甚麼從來沒有人說《史記》難讀，而只有說《漢書》難讀呢？顯而易見，這種難讀並非文字艱深

1　李威熊：《漢書導讀》（臺北：文史哲出版社，1977 年），頁 9-10。

之謂，所指乃是《漢書》的撰史精神。蒙文通《治學雜語》說：「初讀《漢書》讀不進，現在是處處皆有趣。」[1]《漢書》之難，與《漢書》之趣，看似是二事，其實二為一體，難處便即有趣之處。

本書圍繞着《漢書》所載的人物與故事，選講二十個主題，從以下兩個角度出發，一是認識《漢書》，二是認識漢代。例言之，楊樹達《漢書釋例》指出《漢書》有較量之例，劉邦得天下，與項羽失西楚霸王之位，此消彼長，正是劉成項敗；細讀〈高帝紀〉與〈項籍傳〉，當可得見其中因由。又如互文相足例，討論陳平祕計，必待此例而可知其計謀之成效。

紀傳體史書，《史記》也好，《漢書》也好，特別喜歡以小見大，又每多着意於傳主的往日小事。前人討論《史記》甚多，《漢書》則罕有所及。例如張蒼的「肥白如瓠」，董賢的「美麗自喜」，以至各篇敘述傳主相貌，多有深意。此外，《史記》與《漢書》的比較研究，永遠是閱讀二書時的重點。《史記》載事至於漢武帝太初年間，《漢書》記載西漢二百一十四年史書，顯而易見，自楚漢相爭至漢武帝年間史事，二書並載。《漢書》多一字不易襲取《史記》，但也有重新剪裁，以至改頭換面者。本書討論中山靖王劉勝，在《史記》屬〈五宗世家〉，在《漢書》則於〈景十三王傳〉。前者突出了十三王分屬五位母親，後者則着眼於十三人皆為漢景帝王子而已。重新編排之餘，敘述每位王子之文字，卻又相去不遠。此等同中有異，異中有同的情況，《漢書》多所見之。

---

1 蒙默編：《蒙文通學記：增補本》（北京：生活・讀書・新知三聯書店，2006年），頁50。

漢代距今已遠，漢人相信天意，相信天人交感，相信天人感應。我們或許以為古人愚昧、不科學，但這是不合理的想法。了解漢人，必需改變思維方式，用漢人的方式了解漢人。項羽在烏江自刎，我們想，為何項羽要相信田父的説法？為何《史記》、《漢書》都要記這個騙項羽走錯方向的田父？誰人知道田父説過這樣的一句話，且項羽手下全數陣亡？能夠提問固然好，任何學問都是建基於對現況的疑問。可是，《漢書》的寫作年代距今已遠，我們有太多的不知。很多事情，我們只能説是漢人的想法。只要想着古人重視得民心的重要性，得民心者便可得天下，而項羽一直嗜殺，好勇鬥狠，失卻民心，故田父故意騙他，固其然也。同樣地，飛將軍李廣最後何以不自辯，何以不嘗試贖罪，而選擇自行了結生命，也因天意。「李廣數奇」，是漢文帝對李廣命運的判斷，文帝不是先知，但日後事情的發生，一切即按此而行。我們閲讀《漢書》，不要輕易放過一個字詞、一段情節，古人惜墨如金，援筆以書都是非常精煉，不會浪費筆墨的。

　　全書援引最多的典籍，乃是司馬遷《史記》、班固《漢書》、凌稚隆《漢書評林》，為省篇幅，而又不失嚴謹，引文時皆採用文後括號標示卷次與頁碼。《史記》採用北京中華書局二十四史點校本1982年版，《漢書》採用北京中華書局二十四史點校本1962年版，《漢書評林》採用明萬曆九年吳興凌氏刊本，在此特加説明。

　　我在學校裏任教《漢書》科已有一段時間，治亂興衰人人會看，在課堂上我特別在意一件又一件的小事。因所謂史筆、史書的微言大義，都是先從小處着眼的。寫作如此的一部小書，萌生於腦海裏已經有一段時間，寫了兩篇，又停了下來。是次蒙中和出版邀請，

可以具體地將小小的想法付諸實踐，復得責任編輯張俊峰先生辛勞跟進與修訂。本書不足之處尚多，敬祈四方君子不吝賜正。

潘銘基

序於香港中文大學

二零二三年九月

目錄

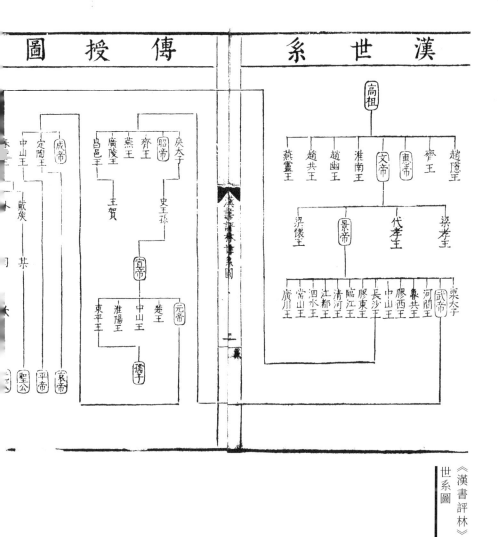

漢世系　　圖授傳

1 劉邦頭上的雲氣

《史記》與《漢書》有同有異，然而在楚漢相爭的過程中，我們同樣可以清楚看到劉邦的帝王之象，並非項羽所能相比。只要細看這些異象，劉邦能夠登上天子之位，實在是毫無懸念。

　　劉邦的異象有許多，讓我們來看看他頭頂上的雲氣。以下是《漢書》（北京中華書局點校本）裏的幾段記載：

　　　　好酒及色。常從王媼、武負貰酒，時飲醉臥，武負、王媼見其上常有怪。高祖每酤留飲，酒讎數倍。及見怪，歲竟，此兩家常折券棄責。（卷一上，頁 2）

　　　　秦始皇帝嘗曰「東南有天子氣」，於是東游以猒當之。高祖隱於芒、碭山澤間，呂后與人俱求，常得之。高祖怪，問之。呂后曰：「季所居上常有雲氣，故從往常得季。」高祖又喜。沛中子弟或聞之，多欲附者矣。（卷一上，頁 8）

亞父范增說羽曰：「沛公居山東時，貪財好色，今聞其入關，珍物無所取，婦女無所幸，此其志不小。吾使人望其氣，皆為龍，成五色，此天子氣。急擊之，勿失。」（卷一上，頁24）

　　這裏三段文字，都是劉邦帝王之象的反映。先來看第一段。只要翻開《史記》、《漢書》，細看楚漢相爭的歷史，然後看看項羽和劉邦為人，不少人都會對於劉勝項敗感到痛心，不明白劉邦何以能得天下。所謂「成王敗寇」，漢代歷史既然出自勝利者所建立的朝代，劉邦得天下已無可爭議。因此，劉邦在行為上跡近無賴，卻無損在《史》、《漢》裏力陳其異於常人的特點。這裏要表明的道理非常簡單，那就是：因為這些條件他都有了，所以他便是天子；沒有這些條件的，當然只能是真命天子的手下敗將。《漢書》不諱言劉邦的特點是「好酒及色」。今人看來，也驚覺是漢代史家的大膽之

劉邦像（《三才圖會》，清乾隆時期槐陰草堂刊本）

筆！亡國之君大多沉緬聲色、荒淫無度，這裏的「好酒及色」，明顯地表示劉邦並非道德水平高尚的聖王賢君。劉邦喜歡喝酒，此非怪事。看古書，常見古人大口大口地喝酒，而且一埕又接一埕，彷彿酒量無限。其實，宋代以前沒有出現蒸餾法，在沒有蒸餾條件下的自然發酵酒，酵母菌在酒精濃度達到 20% 後，就不會再繼續發酵。因此，此時所釀造的酒，其度數大約是在 0 度至 18 度之間。這樣的酒，喝了不容易醉，因此我們常見一些終日喝酒的人。

劉邦經常到王婆、武媽的酒店賒酒，不時會飲得爛醉如泥，王婆、武媽見他醉臥時其上常有「怪」。這個「怪」是甚麼呢？《漢書》說不清楚，我們看看《史記》便豁然開朗。《史記‧高祖本紀》：「武負、王媼見其上常有龍，怪之。」（卷八，頁 343）王先謙《漢書補注》輕描淡寫，只是說：「《史記》作『見其上常有龍，怪之』，與此義微異。」[1]《史記》和《漢書》在這裏了差了一個「龍」字，王先謙以為只是「微異」，實際上分別也不少。誠然，劉邦身體的上面不可能有一條龍，這龍並非實有所指。清人趙翼《陔餘叢考》有云：「蓋〈高祖本紀〉自澤陂遇神至芒碭雲氣，皆記高祖微時符瑞，而此特其一端耳。」[2]趙翼以為這些都是劉邦未曾顯達時的符瑞，有龍即為其一。王鳴盛《十七史商榷》說的比較詳細，他以為《漢書》的寫法比較清晰。王氏云：

> 攷《國語》「水之怪曰龍、罔象」，是龍固可稱怪也。下文云「季所居，其上常有雲氣」，即所謂「其上常有怪」也。《史

---

1 王先謙：《漢書補注》（上海：上海古籍出版社，2008 年），卷一上，頁 5。
2 趙翼：《陔餘叢考》（北京：中華書局，1963 年），卷五，頁 98。

記》上言龍，下言怪，中又插入「怪之」二字，殊嫌錯雜，不如《漢書》刪「怪之」二字而以二怪為一，較明悉。[1]

王鳴盛以為「龍」可稱之為「怪」，所以《漢書》的寫法比較簡單，也比較可取。如果我們結合王鳴盛在這裏的舉證，似乎劉邦的怪，可能是頭頂上會出現呈龍狀的雲氣，實在非常神奇。

劉邦不單止在道德上並不完美，簡直是於德有損。每次來到酒家喝酒都是賒酒來喝的，賒就是先記賬，而後延期付款。如果我是商家，有人來喝酒而每次都不付錢的話，肯定不會歡迎這個人到來。可是武負、王媼應該沒有這樣的想法，因為只要劉邦到來光顧，酒家的生意額皆會倍增。結果，到了歲末年終，因為這個「怪」，武負、王媼總是毀掉欠債契券，不向劉邦討債。望氣是一種古代的占候方法，由觀望雲氣而知道人事吉凶的徵兆。顯然，劉邦頭頂上的是龍的雲氣。

第二段文獻，可令劉邦沾沾自喜。秦國統一天下後，始皇在十一年之間五次巡遊天下，勞民傷財，莫過於是。五次巡遊，短則三個月，長則一年，第一次（前 220）是西巡，視察了隴西和北地。第二次（前 219）和第三次（前 218）是東巡，巡視山東半島。第四次（前 215）巡遊乃北上，巡視長城一帶。第五次（前 210）巡遊則以南巡和東巡為主，是秦始皇的最後一次巡遊，南巡在長江一帶，東巡則遠至南海，最後更死在途中。這次巡遊，可能是別有目的的，為的是要去鎮壓一下東南方的天子氣，而發出如此強大氣場的天子氣的，自然

1　王鳴盛：《十七史商榷》（上海：上海古籍出版社，2005 年），卷八，頁 51。

是後來的真命天子 —— 漢高祖劉邦。《史記‧高祖本紀》和《漢書‧高帝紀》都記載了這件事，我們不妨做一次仔細的排比對讀：

《史》	秦始皇帝常曰「東南有天子氣」，於是因東游以厭　之。
《漢》	秦始皇帝嘗曰「東南有天子氣」，於是　東游以厭當之。
《史》	高祖即自疑，亡匿，隱於芒、碭山澤巖石之間。呂后與人俱求，
《漢》	高祖　　　　　隱於芒、碭山澤　　間，呂后與人俱求，
《史》	常得之。高祖怪　問之。呂后曰：「季所居上常有雲氣，
《漢》	常得之。高祖怪，問之。呂后曰：「季所居上常有雲氣，
《史》	故從往常得季。」高祖心喜。沛中子弟或聞之，多欲附者矣。
《漢》	故從往常得季。」高祖又喜。沛中子弟或聞之，多欲附者矣。

「東南有天子氣」原本並非實有所指，要知道，項羽、劉邦皆楚人，地處秦之東南，「天子氣」究竟屬於項羽還是劉邦，實未可知。最精采的是《史記》記載了劉邦的「自疑」，《漢書》大抵以為這樣的劉邦太自負了，於是乎刪去這幾個字。可是，如果借此以分析劉邦的性格，未免是《漢書》的敗筆！秦始皇的第五次巡遊，目的就是為了到東南方壓下這股天子氣。劉邦心中懷疑自己身懷天子氣，只能藏匿在芒山、碭山的大石之間。難道劉邦的天子氣就像手機訊號一樣，在山區便接收不清嗎？劉邦大抵不清楚自己強大的天子氣，具有極強的穿透力，擋也擋不住。

劉邦頭頂成龍的天子氣，最為神祕的，是他自己看不見。不單酒家老闆武負、王媼能看見，秦始皇能看見，原來呂后也能看見！躲在芒山、碭山只能騙得過秦始皇，而不能騙得過精明的呂后。只要用心找劉邦，呂后總是能夠找到他的！劉邦奇怪呂后何以常常能夠找到他，因問之。呂后道出原因，這是因為劉邦所在位置之上常有雲氣，只要循此搜尋，必能找到劉邦。[1] 劉邦得知自己有異象，滿心歡喜，大概也呼應了秦始皇想要打壓的「天子氣」。天子氣的真假，無人得知，但當時沛地子弟聽到劉邦的神異之事，信以為真，愈來愈多人加入追隨。秦始皇原本就是迷信的人，曾經廣攬神仙方術之士，《史記·秦始皇本紀》載「候星氣者至三百人」（卷六，頁258），即觀測星象的有三百人，「望氣者」大抵在其中。洪衛中〈漢魏南北朝「望氣」淺論〉指出，望氣者所望之氣，乃綜合天文、氣象、環境、社會形勢和人事等信息，進而細加分析、推理並作解說。劉邦自我感覺良好的「天子氣」，配合迷信無比的秦始皇，合作營造了劉邦乃真命天子的氣象；我們看了，便都相信最後能夠代秦而立者，非劉邦莫屬。

第三段的文獻寫在鴻門宴前，出自項羽謀臣范增口中。在秦二世三年（前 207），當時秦將章邯、王離的大軍圍趙，趙向楚求救，楚懷王因而命令宋義為上將軍，項羽為次將，范增為末將，北上救趙。同時，懷王更與諸將約定，先攻入關平定關中的人，就能當關

1　呂后父親呂公也是善於相人者，呂后所以望雲氣而尋獲劉邦，大抵亦有家族遺傳。《漢書·高帝紀》嘗載呂公「好相人」（頁 4），且以為劉邦生有貴相。此外，同篇亦載有一老父相人，先言呂后與惠帝母子俱大貴，又言劉邦的相貌「貴不可言」（頁 5）。

中王。如果我們比較一下劉邦和項羽的進軍路線，可見項羽北上救趙再西向入秦，路線迂迴，注定較只作西向的劉邦來得遲緩。可是，懷王的部將都以為項羽為人兇悍奸猾，攻城後無人幸存，所過之地無不殘滅；而攻秦最重要是能夠得秦民之心，適宜派一位忠厚長者跟秦民講道理。因此，劉邦才能得到容易入關之路，並很快便已經在秦民欣喜的情況底下，勢如破竹，擊潰秦軍，使子嬰投降，與老百姓約法三章。

項羽得知劉邦平定關中後，非常生氣，亞父范增因而勸說項羽，應該及早解決劉邦，免生後患。范增的理據，在於他派遣望氣的人看見劉邦的天子氣。這次描述的天子氣非常具體，呈龍的形狀，而且有五彩之色，繽紛燦爛。范增在項羽集團之中，非常重要，幾乎是項羽身邊唯一能夠洞察世事的人，乃項羽僅有的智囊。范增以為昔日劉邦在山東之時，貪財好色，現在聽說他在入關以後，珍寶無所取，婦女無所愛，於此可見他的志向不小。又因其五彩成龍的天子氣，范增以為項羽當趕快攻擊劉邦，勿失良機。項羽聽從范增的建議，打算明天日出之時，便出兵攻擊劉邦。當時形勢，項羽兵力遠在劉邦之上，劉邦力不能抵。只要看過《史記》和《漢書》，我們都知道這場戰爭並沒有發生，項羽也沒有趁此機會消滅劉邦。就在當天晚上，項羽的叔父項伯因與張良相善，漏夜奔赴劉邦陣營，告訴項羽大怒欲滅劉邦之事，希望張良能跟從自己離開。張良講究義氣，帶同項伯往見劉邦，劉邦遂與項伯約為婚姻，希望能請項伯轉告項羽，自己沒有反叛之心，明天大清早會親自到項營認錯。接着，發生的便是鴻門宴之事，此不贅述。結

果，鴻門宴後放虎歸山，項羽也意識不到劉邦的威脅，遺下日後的禍根。

劉成項敗，已成事實，如果我們回看兩軍的謀略，可見勝負關鍵不在兵力多寡，而在能否重用人才。其中，謀士的出謀獻策更是重中之重。後來，項羽中了陳平的離間計，致使失去對范增的信任。《漢書·陳勝項籍傳》云：「項羽以故疑范增，稍奪之權。范增怒曰：『天下事大定矣，君王自為之！願賜骸骨歸。』行未至彭城，疽發背死。」（卷三十一，頁 1813）范增的離開，直接導致項羽集團的謀略值顯著下降，劉成項敗，乃已然事！

「天子氣」不是一般人可以看見，理論上是望氣之士才能掌握的技術。它不可能真的是一團雲，否則雲蒸雨降，劉邦的所在地便終日細雨綿綿了。奇怪的是，我們毫不懷疑秦始皇、范增身邊有望氣之士，呂后尋夫是否也有望氣之士陪同呢？或許，呂公（呂后父親）當年已經是「好相人，見高祖容貌，因重敬之」，正是協助女兒循雲氣尋找劉邦的人。劉邦的「天子氣」描寫具體，看之使人深信他便是亂世裏的真命天子。秦漢人喜歡望氣術，利用當時人所相信的事情，反覆宣揚，迹近今日之廣告手段，再配合「雷電晦冥」而生、「隆準而龍顏」、「左股有七十二黑子」、「君相貴不可言」、斬殺白帝子等，種種異象，彷彿告訴各位，劉邦就是「被選中的人」(The Chosen One)，冥冥之中，總有主宰！明代凌稚隆《漢書評林》云：「斬蛇夜哭詐耶，則流火之鳥、躍舟之魚，自古已然矣。矧東南天子氣、五星聚東井，種種奇異，是可人力致乎？蓋天生一代興君，自宜特有其非常之兆以開其始，恐不可以天神魚腹之詐而遂概疑之

也。」（卷一上，頁 5A-B 眉批）指出異象眾多，恰好反映劉邦之得天下並非偶然，乃天命所歸。反之，項羽有的只是力能「扛鼎」（卷三十一，頁 1796），[1] 遺憾地，劉邦也説「吾寧鬥智，不能鬥力」，天真的大力士項羽最後只能在烏江自刎，成王敗寇，孤獨地退出歷史的舞臺。

1　《漢書》裏尚有記載兩位能「扛鼎」的大力士，一位是淮南厲王劉長，一位是武帝子廣陵厲王劉胥。事見《漢書‧淮南衡山濟北王傳》、〈武五子傳〉。看《逸周書‧諡法解》，我們得知「暴慢無親曰厲，殺戮無辜曰厲」，可見「暴慢無親」、「殺戮無辜」的君主都諡為「厲」，則劉長與劉胥之平生操守如何，已可見一斑。項羽也是大力士，喜歡坑殺，同樣暴虐。劉邦雖然小人，但相較項羽而言，能夠重用人才，乃並其成功的關鍵。

2

爭霸與問路

司馬遷寫《史記》，意在「究天人之際，通古今之變，成一家之言」；《漢書》的旨趣與此相異，以為「漢紹堯運，以建帝業」，其編撰目的乃在歌頌漢德。劉邦集團擊敗項羽部隊，建立漢朝，項羽之敗，原因眾多，想來先從最後的一件小事說起。且看《漢書·陳勝項籍傳》的一段記載：

　　　　於是羽遂上馬，戲下騎從者八百餘人，夜直潰圍南出馳。平明，漢軍乃覺之，令騎將灌嬰以五千騎追羽。羽渡淮，騎能屬者百餘人。羽至陰陵，迷失道，問一田父，田父紿曰「左」。左，乃陷大澤中，以故漢追及之。（卷三十一，頁 1818）

　　這裏寫的是項羽的末路。當時是楚漢相爭的第五年（前 202），項羽敗局已成，被困垓下，劉邦以四面楚歌之計，使項羽軍隊以為漢已盡得楚地，因而士氣崩潰。接着，上演了著名的霸王別姬一幕，項羽所不捨者唯有美人虞姬與愛馬烏騅，並唱出了傳誦千古

的著名歌詩:「力拔山兮氣蓋世,時不利兮騅不逝。騅不逝兮可奈何!虞兮虞兮奈若何!」歌曲唱畢以後,感人至深,在座聽眾莫不飲泣。項羽為人自負,到了這個時候,敗象已呈,但尚未肯認輸,歌曲唱完後便起身上馬,準備突圍。想起鴻門宴時,「羽兵四十萬,號百萬。沛公兵十萬,號二十萬」,到了這個時候,劉邦軍隊(包含韓信、彭越、英布等)合共六十萬人,項羽只餘下騎兵八百人。

項羽連同八百騎兵,漏夜往南突圍,飛馬奔馳。這些都是江東子弟兵,乃項羽陣營的精兵,八百人離開了,團團圍着項羽軍隊的漢軍居然沒有發現。到了第二天天明之時,漢軍方發覺項羽已經突圍,灌嬰急令五千騎追趕項羽。接着,項羽渡過淮河,能夠跟得上的騎兵只有一百餘人。這時候,項羽大軍到達陰陵,卻迷失了路。古代沒有手機定位、沒有導航,只能向當地人查問方向。不知怎的出現了一位農夫,他欺騙項羽,請其向左走。結果,左邊原來是沼澤之地,楚軍深陷其中,行軍速度大減,致使灌嬰率領的五千騎得以追上。《史記·項羽本紀》和《漢書·陳勝項籍傳》在這裏都用了「紿」字,裴駰《集解》引文穎曰:「紿,欺也。欺令左去。」農夫在這裏欺騙了項羽,不說出正確的方向;從另一角度看,農夫絕對知道往江東的方向,可是在這裏卻刻意欺瞞,導致項羽為漢軍所追上。今天看來,這位不知名的農夫,參與了整段歷史重要的一頁。

農夫欺騙項羽一事,發人深省的是究竟為何他希望漢軍追上項羽,項羽是如何的不得民心,終至敗亡?《孫子兵法·謀攻篇》說:「故上兵伐謀,其次伐交,其次伐兵,其下攻城。」可知在諸多軍事手段之中,以智謀戰為上,其次為外交戰,其次為野戰,而以攻城

為最下。在《三國志・蜀書・馬謖傳》裴松之注所引《襄陽記》裏，馬謖云：「夫用兵之道，攻心為上，攻城為下，心戰為上，兵戰為下，願公服其心而已。」指出攻心才是戰爭取勝的關鍵。可惜，項羽肯定不明白這個道理。在項羽的作戰生涯裏，失卻民心的舉措實在多不勝數。例言之，項羽因後入關中，而子嬰已降劉邦，項羽因不得王關中，《漢書・陳勝項籍傳》云：「後數日，羽乃屠咸陽，殺秦降王子嬰，燒其宮室，火三月不滅；收其寶貨，略婦女而東。秦民失望。」在咸陽屠城、殺降王子嬰、燒秦宮室、掠奪珍寶財貨、強搶婦民，可說是壞事做盡，結果是令到「秦民失望」。單看項羽此舉，或許以為屬戰爭常態，可是看看前此劉邦入關之舉，則知項羽軍隊毫無軍紀，與強盜無異。《漢書・高帝紀上》云：

> 秦王子嬰素車白馬，係頸以組，封皇帝璽符節，降枳道旁。諸將或言誅秦王，沛公曰：「始懷王遣我，固以能寬容，且人已服降，殺之不祥。」乃以屬吏。遂西入咸陽，欲止宮休舍，樊噲、張良諫，乃封秦重寶財物府庫，還軍霸上。蕭何盡收秦丞相府圖籍文書。十一月，召諸縣豪桀曰：「父老苦秦苛法久矣，誹謗者族，耦語者棄市。吾與諸侯約，先入關者王之，吾當王關中。與父老約，法三章耳：殺人者死，傷人及盜抵罪。餘悉除去秦法。吏民皆按堵如故。凡吾所以來，為父兄除害，非有所侵暴，毋恐！且吾所以軍霸上，待諸侯至而定要束耳。」乃使人與秦吏行至縣鄉邑告諭之。秦民大喜，爭持牛羊酒食獻享軍士。沛公讓不受，曰：「倉粟多，不欲費民。」民又益喜，唯恐沛公不為秦王。（卷一上，頁 22-23）

劉邦比起項羽早入關中，子嬰投降，劉邦以為當初楚懷王所以派遣自己入關，正因其人寬容，而且子嬰已經投降，如果執意殺之，實屬不祥，故不殺子嬰。劉邦原想留宿宮中，但樊噲、張良等人勸止，因而將秦的重寶財物封存在府庫中，然後還軍駐扎霸上。故秦的東西，劉邦取走的，大概只有蕭何盡收秦丞相府地圖、戶籍、檔案文書等。劉邦更懂得籠絡民心，於是召集各縣豪傑，廢除舊法，約法三章，揚言自己入關只是為父兄除害，不是為了掠奪施暴。如果比對日後項羽軍隊之劣行，實在是天壤之別！秦國老百姓看見如此仁德的賢君，高興非常，《漢書》載云「秦民大喜」，「民又益喜」，唯恐劉邦不肯當關中王。《漢書評林》引洪邁曰：「高祖入關與父老約法三章，秦民大喜。已而項羽所過殘滅，民大失望，劉氏四百年基業定于此矣。蓋禮義感人心，其究至于浹肌膚而淪骨髓，不過語言造次之間，初非有怪奇卓詭之事也。」（卷一上，頁15B 眉批）秦民對於劉邦入關的「大喜」，取項羽入關的「失望」作比對，則項羽之不得民心可以見矣。

殺義帝之事，也可見項羽之不明民心背向。范增是項羽集團最有謀略的人，早在輔助項梁之時，便已提出要立楚國後人為共主，因為楚南公曾經說：「楚雖三戶，亡秦必楚。」（卷三十一，頁1799）[1] 陳勝起事之敗，在於自立為帝，不立楚後。結果，項梁依從范增所言，立楚懷王之孫心仍為楚懷王，《漢書·陳勝項籍傳》對

---

1 為甚麼要立楚國的後人呢？《漢書》顏師古注嘗引用應劭的注解以作說明。應劭曰：「六國為秦所并，楚最無罪，為百姓所思，故求其後，立為楚懷王，以祖謚為號，順民望也。」（卷一上，頁 14）立楚國後人為王，符合老百姓的期望，是一個頗得民心的舉動。

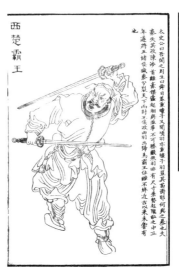

項羽《晚笑堂竹莊畫傳》，清乾隆八年刊本

西楚霸王

太史公曰吾聞之周生曰舜目蓋重瞳子又聞項羽亦重瞳子羽豈其苗裔耶何興之暴也夫秦失其政陳涉首難豪傑蠭起相與並爭不可勝數然羽非有尺寸乘勢起隴畝之中三年遂將五諸侯滅秦分裂天下而封王侯政由羽出號為霸王位雖不終近古以來未嘗有也

於此事説了四個字：「從民望也。」可見民望是勝負關鍵。可是，在鴻門宴後，楚懷王以為劉邦既然先入關，便應該「如約」，即封劉邦為關中王。項羽非常不滿，結果「陽尊懷王為義帝，實不用其命」。後來，項羽更「陰使九江王布殺義帝」，派遣英布殺死義帝，弒君罪大，其實亦大失民心。

項羽最使人感到可怕的，是坑殺戰俘的暴行。劉邦、項羽曾在廣武之間對罵，其中劉邦力數項羽十宗罪，其六是「詐阬秦子弟新安二十萬，王其將」。這裏説的是項羽曾經在新安坑殺秦降卒二十萬，並將降將章邯封王。項羽能否在一夜之間殺掉二十萬秦降卒，言人人殊，但《史記》出自司馬遷，《漢書》出自班彪班固父子，他們都是漢臣，歷史都是出自勝利者的筆下。即使坑殺二十萬降卒有點誇張失實，但項羽的殘暴也必然是當時人的共識。還有一件事情，可證坑殺是項羽處理降卒的方法。《漢書‧陳勝項籍傳》云：

四年，羽擊陳留、外黃，外黃不下。數日降，羽悉令男子年十五以上詣城東，欲阬之。外黃令舍人兒年十三，往說羽曰：「彭越強劫外黃，外黃恐，故且降，待大王。大王至，又皆阬之，百姓豈有所歸心哉！從此以東，梁地十餘城皆恐，莫肯下矣。」羽然其言，乃赦外黃當阬者。而東至睢陽，聞之皆爭下。（卷三十一，頁1815）

這時候已經是楚漢相爭的第四年（前203），距離垓下之圍、烏江自刎已經不遠了。這裏請特別留意兩件事，一是項羽阬殺降卒的習慣，二是項羽終於明白民心背向的重要性。當時，項羽親自率軍攻打陳留、外黃，外黃久攻不下。外黃人在數天後投降，項羽命令所有十五歲以上的男子到城東，準備阬殺。外黃縣令的家臣有小兒只有十三歲，往說項羽，以為彭越強迫劫持外黃人，外黃人恐懼，因此暫時投降，等待項羽到來。如果項羽到來，將所有人阬殺，百姓自不可能有歸順之心。自此以往，梁地其他十多個城邑怎會肯投降歸順？項羽以為這位舍人兒的說話很有道理，於是赦免了所有要阬殺的外黃人。接着，睢陽以東等地人，聽到項羽不再阬殺降卒，便都爭着歸順項王。要知道，這時已經到了楚漢相爭的後期，項羽自秦二世元年（前209）隨叔父項梁在吳中與八千江東子弟起兵後，經歷了數十場戰爭，謂之「所當者破，所擊者服，未嘗敗北」（卷三十一，頁1818），但卻不明白阬殺不得民心，實在令人慨嘆。堂堂西楚霸王，居然要在一個十三歲的小朋友提醒底下才明白這個根本的道理，及後身死東城，不亦宜乎！

當然，古代天子皇帝雖說「萬方有罪，罪在朕躬」，但身邊謀臣

的出謀獻策更為重要。《史記評林》云：「按舍人兒年十三尚能說羽赦外黃當坑者，亞父七十而顧不能諫羽，以致戮子嬰、殺義帝、斬彭生、坑秦二十萬眾，智愚之相去何遠哉！設羽以其任增者而任舍人兒，楚之為楚未可知也。」[1] 亞父范增一直在項羽身邊輔助，稱為「亞父」，可見其仿如項羽父親的地位，卻未見就項羽暴行作出任何勸告，而一直只在計算劉邦。常言道，不要處處針對別人，而是要如何做好自己。

突破垓下之圍，項羽從八百騎開始，渡過淮河後僅有百餘騎追得上，在離開沼澤後，項羽至於東城，這時侯只餘下二十八騎，然後兵分四路，作四向突圍，失去兩騎，餘下二十六騎。《史記評林》卷七〈項羽本紀〉引尤瑛曰：「敘所從之騎數以漸而少。」[2] 是《史記》和《漢書》以騎兵數量寫對戰形勢之法。最後，項羽於烏江自刎，楚漢之爭終告一段落。這位田父做夢也沒有想過，他原來是劉勝項敗的一大關鍵，而遭淹沒在歷史的長河裏。

司馬遷《史記》欲究天人之際，究竟項羽最終敗亡，是天意還是人事呢？班彪、班固父子共撰《漢書》，歌頌漢德，劉漢之得天下，亦乃當時民心所向。然則田父之欺騙項羽，究竟代表天命不可違，還是民心背向，至今仍足為後人所深思。

1　凌稚隆：《史記評林》（明萬曆時期吳興凌氏刊本），卷七，頁 29B 眉批。
2　《史記評林》，卷七，頁 33B 眉批。

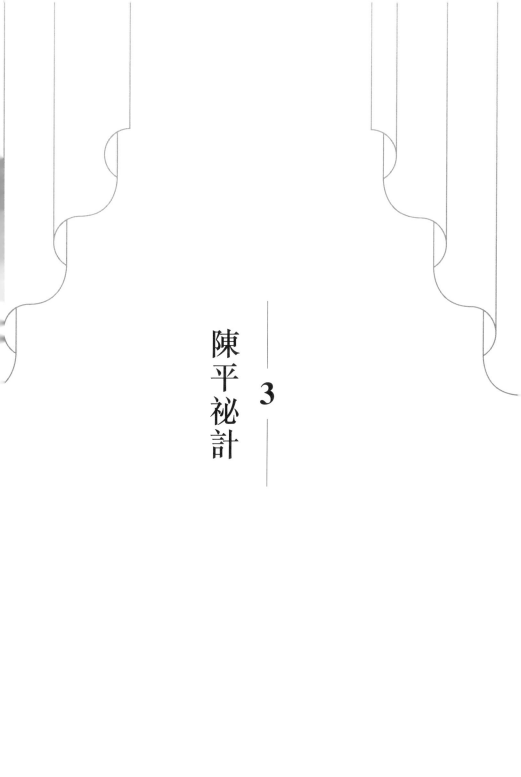

陳平祕計

3

要成為開國功臣，要能夠載入史冊，必然具備過人的才能。漢初三傑，張良、韓信、蕭何，名垂後世，張良安坐帷幕已可助劉邦解千里之圍，韓信帶兵多多益善，蕭何能使劉邦無後顧之憂。但我們千萬不要忘記了足智多謀的陳平，此人不單頭腦靈活，卻還忠心耿耿，為漢室奉獻了多條祕計，保護了劉姓的天下。

　　陳平詭計多端，最著名的祕計莫過於以下的這條，《漢書·高帝紀》云：

　　　七年冬十月，上自將擊韓王信於銅鞮，斬其將。信亡走匈奴，（與）其將曼丘臣、王黃共立故趙後趙利為王，收信散兵，與匈奴共距漢。上從晉陽連戰，乘勝逐北，至樓煩，會大寒，士卒墮指者什二三。遂至平城，為匈奴所圍，七日，用陳平祕計得出。（卷一下，頁 63）

　　在漢高祖七年（前 200）冬十月，劉邦親自領兵在銅鞮（今山

西省沁縣南）攻打韓王信，[1]並且殺死了韓王信的部將。後來，韓王信逃跑至匈奴，其部將曼丘臣、王黃共同擁立了從前趙國的後代趙利為王，更收集了韓王信逃散的士兵，與匈奴聯手對抗漢軍。高祖劉邦從晉陽（今山西省太原市）連續作戰，乘勝追擊，到達樓煩（今山西省西北部）。此時碰巧天氣嚴寒，十分之二三的士兵被凍掉了手指。劉邦軍隊於是退到平城（今山西省大同市），受到匈奴圍困。七天後，漢軍採用了陳平的祕計才得以撤出。

究竟劉邦如何解決了平城之圍，而陳平又用了甚麼祕計？《漢書‧高帝紀》在這裏沒有清楚說明，《史記‧高祖本紀》甚至連「用陳平祕計得出」這句說話也沒有。如果我們再去找找在《漢書》裏陳平的本傳，其文如此：

> 至平城，為匈奴圍，七日不得食。高帝用平奇計，使單于閼氏解，圍以得開。高帝既出，其計祕，世莫得聞。（卷四十，頁 2045）

這裏寫陳平追隨高祖劉邦攻打韓王信，到了平城時，為匈奴所包圍，七天無食。陳平為劉邦獻上了妙計，請單于夫人閼氏為之說解，才得解圍。劉邦因此才得以逃出，但這道妙計十分隱密，世上無人得知。如此隱晦，激發了我們好奇之心。凌稚隆《漢書評林》引王維楨曰：「《史記》注中桓譚《新論》敘帝用平奇計解圍得出，

1　韓王信，姬姓，韓氏，名信，為免與淮陰侯韓信混淆，《史記》《漢書》皆稱其為「韓王信」。

甚詳。」（卷四十，頁 16B-17A 眉批）指出在裴駰《史記集解》裏，便援引了陳平這個奇計的具體內容，於是我們便按圖索驥，看看劉宋時候的裴駰怎麼說：

> 桓譚《新論》：「或云：『陳平為高帝解平城之圍，則言其事祕，世莫得而聞也。此以工妙踔善，故藏隱不傳焉。子能權知斯事否？』吾應之曰：『此策乃反薄陋拙惡，故隱而不泄。高帝見圍七日，而陳平往說閼氏，閼氏言於單于而出之，以是知其所用說之事矣。彼陳平必言漢有好麗美女，為道其容貌天下無有，今困急，已馳使歸迎取，欲進與單于，單于見此人必大好愛之，愛之則閼氏日以遠疏，不如及其未到，令漢得脫去，去，亦不持女來矣。閼氏婦女，有妒媢之性，必憎惡而事去之。此說簡而要，及得其用，則欲使神怪，故隱匿不泄也。』劉子駿聞吾言，乃立稱善焉。」按：《漢書音義》應劭說此事大旨與桓《論》略同，不知是應全取桓《論》，或別有所聞乎？今觀桓《論》似本無說。（卷五十六，頁 2057-2058）[1]

---

[1] 裴駰《史記集解》謂應劭《漢書音義》同樣記載此事，其文如下：應劭曰：「陳平使畫工圖美女，間遣人遺閼氏，云漢有美女如此，今皇帝困厄，欲獻之。閼氏畏其奪己寵，因謂單于曰：『漢天子亦有神靈，得其土地，非能有也。』於是匈奴開其一角，得突出。」鄭氏曰：「以計鄙陋，故祕不傳。」師古：「應氏之說出桓譚《新論》，蓋譚以意測之，事當然耳，非紀傳所說也。」（卷一下，頁 63）案：在應劭注後，顏師古援引鄭氏解說，指出大抵因為陳平此計謀庸俗淺薄，因而沒有公告於世，祕而不傳。此外，顏師古直接點明此處乃是桓譚《新論》，而桓譚不過出於臆說，故與史書所載說法不盡相同。

原來陳平的祕計是這樣的：在劉邦被匈奴圍困七日後，陳平前往敵陣，遊說匈奴領袖單于的夫人閼氏。陳平指出漢有眾多美女，現在漢軍為解平城之圍，已經準備好獻上美女以供單于享用。單于見之必然大喜，日後便會逐漸疏遠閼氏。如果今能及早解平城之圍，漢軍自不會獻上美女，而閼氏的地位亦必得保障。閼氏性格善妒，便遊說單于不要續圍漢軍，單于果然撒兵，漢軍遂解平城之圍。今天，桓譚《新論》一書已經散佚，朱謙之有《新輯本桓譚新論》之作，乃從不同典籍裏收集《新論》遺文。其中卷十四〈述策篇〉便據《史記集解》採錄陳平祕計之事。此處桓譚謂劉歆（字子駿）聽到自己的說法後，立即表示有理。引用桓譚《新論》後，裴駰案語以為應劭《漢書音義》解說陳平祕計大旨與桓譚《新論》相近，應說或本桓《論》，抑或來自其他異說，實未可知。最後，裴駰提出了一個疑問，那便是他所見的桓譚《新論》並沒有陳平祕計之事。

　　閼氏為匈奴單于夫人，而陳平乃漢高祖劉邦的謀士，何以一介謀士能夠深入敵陣之中？何以陳平看準了向閼氏下手？閼氏何以願意接見陳平，更對其言聽計從呢？這一切可能皆源起於陳平的美貌。據《漢書・張陳王周傳》所載，陳平為人「長大美色」，即今之所謂美男，大概亦高大俊朗之意。可能漢高祖劉邦是看中了陳平的美貌，因而派遣他深入敵陣，向單于夫人使出了美男計。使出美男計當然有可能，但史家並不一致同意。清人梁玉繩《史記志疑》便不以為然。梁玉繩指出：

　　　　韓王信、夏侯嬰、匈奴等傳，則漢之所以動閼氏解圍者，

止于重賂而已，烏有所謂奇祕之計哉。史公造為此言，遂使桓譚、應劭意測以美女動之，不惟鄙陋可羞，亦誣陳平甚矣。

　　梁玉繩比合《史記》其他各篇，包括〈韓王信傳〉、〈夏侯嬰傳〉、〈匈奴傳〉等，以為彼處已清楚説明漢室之所以能使閼氏使單于解圍者，乃因財貨重賂，沒有甚麼祕計。司馬遷刻意求奇，以祕計出之，《漢書》襲取《史記》，亦言「高帝既出，其計祕，世莫得聞」。由於有陳平祕計之文，後來桓譚《新論》、應劭《漢書音義》才在陳平説閼氏之辭加入美女云云，並不可信。

　　觀乎《史記》與《漢書》，陳平足智多謀，詭計多端，殆無可疑。《漢書‧張陳王周傳》云：「平自初從，至天下定後，常以護軍中尉從擊臧荼、陳豨、黥布。凡六出奇計，輒益邑封。奇計或頗祕，世莫得聞也。」（卷四十，頁 2045）陳平從開始隨從，到天下平定後，以護軍中尉身份跟着漢高祖劉邦攻打臧荼、陳豨、黥布等。陳平一共獻出了六次巧計，每次都因此立功而增加封邑。此等巧計，這裏再次強調有的很神祕，世上無人知曉。凌稚隆《漢書評林》以為陳平的計謀不單止有六次：「平出奇計不止六也。嗣後囚噲致上，使上自誅，一。帝崩，馳至宮，哭甚哀，二。佯不治宰相事，日飲酒戲婦女，三。呂后欲王諸呂，平偽聽之，四。呂后崩，平與勃合謀，卒誅諸呂，立文帝，五。既誅諸呂，以右丞相讓勃，不居功，六。第前六計者，佐高帝定天下，而後六計則事太后以自全耳。總之了結魏無知稱奇謀之士一句案。」（卷四十，頁 17A-B 眉批）除了輔佐漢高祖劉邦得天下的六計以外，凌氏以為陳平又有在呂后稱制時侍奉呂后兼得自保的六計。

陳平為劉邦出謀獻策，所謂六計，包括 1. 捐金行反間計，離間項羽君臣；2. 以惡草進楚使；3. 夜出女子二千人，解滎陽之圍；4. 躡足請韓信穩定軍心；5. 請劉邦偽遊雲夢擒韓信；6. 解白登之圍。以下詳析之：一為離間敵營，收買了部分楚軍，使項羽不再信任鍾離眛。二為離間項羽與范增。漢為項羽使者準備太牢飲食，假裝以為來使屬范增使者，得知為項羽使者後便換上劣食。此後項羽便不再信任范增。三為滎陽脫險之事。在天還未亮之時，陳平使紀信假扮劉邦，復「夜出女子二千人滎陽東門」（卷四十，頁 2043）。楚軍以為劉邦突圍，便一擁而上，而劉邦則與陳平等從滎陽西門悄悄出走。四為勸封韓信。韓信破齊後，求封假齊王，「漢王怒而罵，平躡漢王」（卷四十，頁 2043）。劉邦本想破口大罵，但被陳平踩了一腳，劉邦立刻醒覺，厚待使者。不單不怪責韓信，更派遣張良往立韓信為齊王。顯而易見，這是陳平洞悉韓信對漢軍的重要性，以及在楚漢相爭的影響力。五為在有人上書告韓信造反之時，向劉邦建議假裝出遊雲夢，實質引出韓信，即可將其擒下。六為解白登之圍，即前文所言往見單于夫人閼氏之事。

劉邦的成功並非個人成就，乃是團隊的共同努力。後世最為了解的是漢初三傑，但在張良、韓信、蕭何以外，劉邦集團人才濟濟，奇謀眾多的美男子陳平，肯定是其中重要的一員。美與不美，有時十分主觀，但觀乎《漢書・張陳王周傳》裏，以「美」字狀寫陳平凡四次，分別見於「平為人長大美色」（卷四十，頁 2038）、「固有美如陳平長貧者乎」（卷四十，頁 2038）、「船人見其美丈夫」（卷四十，頁 2039）、「平雖美丈夫」（卷四十，頁 2040）等四句。據此，是陳平之美，乃是當世所公認。中國古代「美」與「善」同意，東

漢許慎《說文解字》即持此見。[1] 然而,「美」者外表觀之,「善」則由內心所呈現,上文所引陳平之美,知之者大概只可以是從外貌觀之,而未能及乎內心。陳平之美,與其祕計,二者關係密切,如無美貌,祕計未必得行;如無祕計,則美貌只是徒然。今人無緣目睹陳平之美,但就文字描述觀之,亦可稍慰未能親身面見之憾矣。

1　案:《說文解字‧羊部》云:「美,甘也。从羊从大。羊在六畜主給膳也。美與善同意。」(許慎:《說文解字》〔北京:中華書局,1963 年〕,四上,頁 17A。)可知許慎以為「美」與「善」意義相同。

趙王如意如果能夠早起……

4

早睡早起身體好，誰都會説，很多人不捨得早睡，因為睡了寶貴的一天便完結；也不想早起，因為生怕辛勞的一天又要展開。古代的帝王之家，雖説是天之驕子，一旦登上了至尊之位，卻不免要上朝，每天要早起。在《論語》裏，我們看到了孔子學生宰予在白天睡覺，結果惹來老師的責罵。唐玄宗與楊貴妃的愛情故事，無人不曉，為了楊貴妃，玄宗後來也就「從此君王不早朝」（白居易《長恨歌》）。更不要説明代有十五年也不上朝的成化帝，以及沉溺聲色而二十八年不上早朝的萬曆帝，可算是誠實地反映了自己的身體，唯睡魔之是從。

　　《漢書‧高五王傳》記載了漢高祖劉邦的幾個兒子，分別是齊悼惠王劉肥、趙隱王劉如意、趙幽王劉友、趙共王劉恢、燕靈公劉建。事實上，劉邦有子八人，有兩位當上了皇帝分別是漢惠帝劉盈、漢文帝劉恒，二人自有紀，故不在此傳之中。至於還有一位是淮南厲王劉長，因事涉叛亂，故與衡山王、濟北王別為一傳。

　　這裏要説的是趙王如意。在細説皇子之前，不免要看看他們的

生母。古代帝王妻妾成群，事實上我們也不知道漢高祖劉邦有多少妃嬪，但就史書所載，當有呂后、戚姬、薄姬、管夫人、趙子兒、石美人、傅夫人、唐姬、曹夫人、趙姬等。此中呂后生惠帝、曹夫人生齊悼惠王、薄姬生文帝、戚姬生趙王如意、趙姬生淮南厲王，至於趙幽王、趙共王、燕靈王的生母不詳。生在帝王之家，自不可能不知生母是誰，大抵史官載事，重點不在彼，故也不必着墨。為甚麼要看這些妃嬪呢？母憑子貴，生了兒子，繼而登上皇位，至高無尚，難能可貴。一般也只有一位勝利者。已成帝王的，同父異母兄弟便多性命堪虞，宮廷裏的廝殺實在多不勝數。

在漢高祖劉邦尚仍貧賤之時，呂后的父親呂公見之，以為非平常之輩，便將女兒予以為妻，並誕下了惠帝（前 210）和魯元公主。高祖為漢王後，第二年（前 205）便冊立了當時六歲的惠帝為太子。後來，劉邦娶了戚姬，寵愛有加，並誕下了趙王如意（前 207）。隨着光陰流轉，太子與趙王逐漸長大，劉邦以為太子為人仁愛懦弱，性格不像自己，卻指出「如意類我」（卷九十七上，頁 3937），意欲改立太子。只是公卿大臣竭力反對，後來呂后也採用了留侯張良的獻計，才總算不失太子之位。[1]

惠帝即位後，大抵出於一直以來的嫉妒之心，呂后沒有打算放

1　據《漢書・張良傳》載，呂后眼見劉邦有意改立太子，遂向張良求助。張良以為如果太子劉盈能夠請得商山四皓為自己站臺，而四皓乃屬劉邦所不能致者，劉邦見之，必定以為太子羽翼已成，難以動搖，便無廢改太子之事。後來，呂后如張良所言，為太子請得商山四皓，劉邦見之，大為驚訝，最後跟戚夫人說：「我欲易之，彼四人為之輔，羽翼已成，難動矣。呂氏真乃主矣。」（卷四十，頁 2036）以為太子的勢力已經無可動搖，不得改立。此計正由張良所獻。

過戚姬和趙王如意。已為太后的她下令將戚夫人幽禁在永巷,剃去頭髮,頸束鐵圈,穿上囚徒的紅衣,讓她舂米做苦役。戚夫人因而歌曰:「子為王,母為虜,終日舂薄暮,常與死為伍!相離三千里,當誰使告女?」(卷九十七上,頁 3937)說的是兒子為王,母親卻為奴,從早到晚不斷舂米,經常與死亡為伴!母子相距三千里,怎樣能夠告訴你呢?呂太后知之,大怒。常言道母憑子貴,這次卻是因為戚姬之歌而使呂后生出殺害趙王如意之心,遂借故將如意從封地召來長安。

惠帝生性仁慈,知道太后痛恨趙王如意,故在如意進宮後,「挾與起居飲食」(卷九十七上,頁 3938),即起居飲食都在一起,讓母親即欲殺害如意,亦無從入手。知母莫若子,此為顯例。如是者過了幾個月,生活與共,如意安然無恙。直到有一天,惠帝在清晨時分便出宮打獵,如意睏極了,沒有早起,呂后趁如意仍在睡覺,就派人拿毒酒殺害如意。待惠帝打獵回宮時,如意早已死去。這時是漢惠帝元年(前 195),當時惠帝十六歲,趙王如意十四歲。慈仁的惠帝,與性格極像劉邦的趙王如意,雖為異母兄弟,但感情甚篤。惠帝早知母親呂后殘酷不仁,卻想不到只用一次機會便殺害如意。能夠早起的重要性,於此盡見。古人崇尚早起,早上四時便起床,帝王亦不例外。在明代鄭之珍《新編目連救母勸善戲文》第十九齣〈行路施金〉裏,援引了一首勸戒世人的詩:「朝臣待漏五更寒,鐵甲將軍夜渡關;山寺日高僧未起,算來名利不如閒。」[1] 這裏指出了

1　鄭之珍:《新編目連救母勸善戲文》(明萬曆十年〔1582 年〕新安鄭氏高石山房刊本),上卷,行路施金,頁 53A。

大臣上早朝在五更以前，如果以現代時間換算之，五更在早上三時至五時之間。所謂上有好者，下必有甚焉。宋人江少虞《宋朝事實類苑》（又名《新雕皇朝類苑》）便記載了宋太宗早起的習慣。該書卷二〈祖宗聖訓〉載云：

> 朕每日所為，自有常節，辰巳間，視事既罷，便即觀書。深夜就寢，五鼓而起，盛暑晝日，亦未嘗寢。乃至飲食，亦不過度，行之已久，甚覺得力。凡人食飽，無不昏濁，儻四肢無所運用，更便就枕，血脈凝滯，諸疾自生，欲求清爽，其可得乎？《老子》云：「我命在我，不在於天」，全繫人之調適，卿等亦當留意，無自輕於攝養也。[1]

這是宋太宗説的一番大道理，乃其養生之道。宋太宗指出自己每天都有規律的作息，晚上就寢，在五鼓（五更）便起床。飲食亦不過度，不會吃得太飽，四肢要有適當的運動，不要吃飽了便睡，否則疾病隨之而來。宋太宗提醒大臣，健康生活全仗一己的調適，不要輕視養生的重要性。

早起不單是在帝王之家，文人、政客亦然。宋人李廌《師友談記》卷一「東坡謂廌與李豸言曰」條，提及蘇軾自言「吾每日須于五更初起，櫛髮數百，頮面盡，服衣裳畢，須于一淨榻上，再用此法假寐」[2]。可見蘇軾也是每天五更便起床，起來後先用梳子梳頭數百

1　江少虞：《宋朝事實類苑》（上海：上海古籍出版社，1981 年），卷二，頁 13。
2　李廌：《師友談記》（清同治中真州張氏榕園叢書本），卷一，頁 20B。

次，接着洗臉穿衣，坐於榻上打瞌睡。在曾國藩《曾文正公家訓》卷上「咸豐九年十月十四日」條：「我朝列聖相承，總是寅正即起，至今二百年不改。我家高曾祖考相傳早起，吾得見竟希公、星岡公皆未明即起，冬寒起坐約一個時辰，始見天亮。吾父竹亭公亦甫黎明即起，有事則不待黎明，每夜必起看一二次不等，此爾所及見者也。余近亦黎明即起。」[1] 寅正是早上四點的意思。曾國藩指出歷代祖先皆早起，包括曾祖父曾衍勝（號竟希）、祖父曾玉屏（號星岡）、父親曾麟書（字竹亭），而曾國藩自身亦不例外。黎明是天將亮或剛亮的時候，雖因四時與所處位置各異而不盡相同，蓋亦早上六時至七時之間也。

　　看來，不單是漢惠帝，這裏所見的宋太宗、蘇軾、曾國藩及其祖先，位位皆是能夠早起的人，而且成就了大事業。趙王如意只是一次未能早起，便已命喪宮中，怎不教人悲嘆；同時，也枉費了異母兄惠帝關懷的苦心！

　　解決了趙王如意後，呂后再將殘害的焦點放回在戚姬身上。呂后派人砍斷了戚姬的手腳，剜掉眼珠，熏聾耳朵，更迫使其喝下啞藥，將她扔在「鞠域」裏，稱為「人彘」。「鞠域」在古代文獻裏主要有兩個意思，一是古代蹴鞠場所，二是地下室。唐人顏師古注：「鞠域，如蹋鞠之域，謂窟室也。」（卷九十七上，頁 3938）《史記‧呂太后本紀》與《漢書‧外戚傳》並載此文，但《史記》謂呂后將戚姬「使居廁中」，而《漢書》則謂「使居鞠域中」（卷九，頁 397），排比對讀，顯見異文。王先謙《漢書補注》但云「《史記》作『廁中』」，

1　曾國藩：《曾文正公家訓》（上海：文益書局，1948 年），卷上，頁 12-13。

並無解說，純粹陳列現象；瀧川資言《史記會注考證》同樣只列《漢書》有異文，二者皆未饜人意。[1] 梁玉繩《史記志疑》卷七「使居廁中」條云：「《漢・傳》作『居鞠域中』，是也。若廁，則不能居矣，且惠帝何能往視乎？荀《紀》亦云『鞠室』。」[2] 以為《漢書》作「鞠域」者為是。梁氏謂惠帝不能往廁中視察，故《史記》作「廁中」為誤。難道皇帝視察地下室便合理嗎？置於廁中，或許更能侮辱戚姬，亦未可知。

　　戚姬在如此虐待下，依然未死，想必是呂后刻意為之，極盡折磨。幾個月後，呂后派人請惠帝來看「人彘」。這個「人彘」，就是早已面目全非的戚姬。驟眼一看，惠帝並沒有認出「人彘」是誰。在向身旁隨從打探後，惠帝才知道「人彘」竟是戚夫人。慈仁的惠帝為此而大哭一場，並因此得病，一年多還沒有痊癒。其實，趙王如意之遭毒殺，戚姬成為「人彘」，讓惠帝認清了自己母親殘酷不堪的事實，這才是對惠帝最大的打擊。後來，惠帝派人去對太后說：「此非人所為。臣為太后子，終不能復治天下！」（卷九十七上，頁 3938）以為呂后的所作所為，並非人當應有；這是絕望的控訴，代表了呂后乃是無可救藥。作為一對母子，惠帝並沒有直接指斥呂后，而是派人跟呂后對話，可知惠帝甚至不想跟母親直接溝通，厭惡莫大於此！《史記評林》引司馬光曰：「為人子者，父母有過則諫，諫而不聽，則號泣而隨之。安有守高祖之業，為天下之主，不

1　王先謙：《漢書補注》（上海：上海古籍出版社，2008 年），卷九十七上，頁 5921；瀧川資言：《史記會注考證》（北京：新世界出版社，2009 年），卷九，頁 6。

2　梁玉繩：《史記志疑》（北京：中華書局，1981 年），卷七，頁 240。

忍母之殘酷，遂棄國家而不恤，縱酒色以傷生！若孝惠者，可謂篤于小仁而未知大誼者也。」[1] 司馬光批評惠帝只是小仁而未知大誼，固有其道理，然哀莫大於心死，實為惠帝當時心情的寫照。此後，惠帝每天飲酒作樂，不問政事，並在七年後去世。

《漢書·高五王傳》沒有為尊者諱，直接指出了毒殺趙王如意的兇手：「趙隱王如意，九年立。四年，高祖崩，呂太后徵王到長安，鴆殺之。無子，絕。」（卷三十八，頁 1988）清楚指出呂后便是兇手。同樣地，在《漢書·諸侯王表》也說：「九年四月立，十二年，為呂太后所殺，亡後。」（卷十四，頁 404）也表明了趙王如意是呂后所鴆殺。不能早起不是罪過，如意終究難逃呂后毒手，而《漢書》能夠直言其事，甚至在〈惠帝紀〉謂惠帝「遭呂太后虧損至德」（卷二，頁 92），皆已蘊含對呂后的批評。

史書有所謂互見之法，即一人而載事於不同篇章裏，其生平事跡可以互補。《漢書·高后紀》載：「秋七月辛巳，皇太后崩於未央宮。」（卷三，頁 100）交代了呂后駕崩之事，甚為簡潔。至於呂后駕崩的原因，並無說明。《漢書·五行志》在「犬禍」之下，載云：「高后八年三月，袚霸上，還過枳道，見物如倉狗，橄高后掖，忽而不見。卜之，趙王如意為祟。遂病掖傷而崩。先是高后鴆殺如意，支斷其母戚夫人手足，摧其眼以為人彘。」（卷二十七中之上，頁 1397）〈五行志〉此事亦見《史記·呂太后本紀》，然彼文僅言「高后遂病掖傷」（卷九，頁 405），並不言呂后因此而死。此言在漢高后八年（前 180）三月，呂后到霸上作祈神除禍的祭祀，在還朝的路

1　凌稚隆：《史記評林》，卷九，頁 3A 眉批。

上經過枳道，看見一個像黑狗一樣的東西抓住她的腋下，忽然又不見了。占卜此事，以為是趙王如意的冤魂作祟。呂后更因腋傷而駕崩。〈五行志〉指出，在此之前，呂后用毒酒殺死了趙王如意，又砍斷了戚姬手足，挖去其雙眼，使其成為「人彘」。〈五行志〉將呂后之死，附會在如意與戚姬之事上。這個故事亦見載於隋代顏之推所編的《冤魂志》裏，同樣將趙王如意為祟報仇視為呂后的死因。《漢書評林》引盧舜治曰：「讀〈呂后傳〉嘗怪其鴆趙王如意，人彘戚夫人矣。及其袚于霸上也，過枳道見蒼狗，摵其腋，因病腋而崩。〈五行志〉以為犬禍，予則曰此殆人禍歟。」（卷九十七，頁4A眉批）盧氏所言發人深省，〈五行志〉雖言犬禍，但事情實出呂后之殘酷不仁，謂之人禍，實在是最為合適！

5

張蒼百歲之謎

有些人因其言行舉止，注定一生不平凡。有的人雖然也很有成就，但因年代久遠，大家能夠憶起的只因他的小故事。

　　張蒼是故秦御史，「秦」是「漢」的前朝，但秦嚴格來說並非漢所推翻。秦只二世而亡國，子嬰只稱秦王，並非皇帝。秦二世為趙高女婿閻樂所強逼而自刎，子嬰雖然向劉邦投降，但下令殺他的卻是項羽。而且，秦亡以後還經歷了數年的楚漢相爭，最後劉勝項敗，才建立漢朝。前朝的官員，在國家滅亡以後，仍得到後朝的重視，張蒼是其中一位。

　　張蒼有不少特點，包括了傳承《左傳》之學、制訂曆法、增訂整理《九章算術》等，我們這裏只論張蒼的小故事。首先，是張蒼的膚色與身型。本傳裏說張蒼「肥白如瓠」，「肥白」二字不難理解，就是張蒼長得白白胖胖；「瓠」是我們今天所說的葫蘆。看來張蒼有着胖白葫蘆的身型。葫蘆型身材特徵為肩窄、胸豐、腰細、臀寬、大腿豐滿，整體外觀如葫蘆般曲線玲瓏，今天多用以形容女生。張

蒼生得高大，又「肥白如瓠」，這有甚麼用處呢？原來遇上了適當時機，還可以倖免一死。張蒼不知犯下了甚麼罪，正要被問斬，「解衣伏質」（卷四十二，頁 2093）。解衣是將上衣脫掉，古代執行死刑，多將犯人的上衣除去。「質」與「鑕」相通，古代有腰斬的死刑，施刑時罪犯裸身俯伏砧上，故稱「伏鑕」。當時，張蒼正要被問斬，解下衣服伏在刑具上，其人身材高大，肌肉肥白如瓠瓜，王陵看到了，覺得張蒼乃是美士，於是告訴劉邦，赦免不處死刑。張蒼後來在曆法、算術等取得重大成就，如非因其身型「肥白如瓠」，早就死於極刑之下，也沒有此等功業之可能。

張蒼是知恩圖報的人，由於王陵救了自己一命，自此以後，每報恩德。《漢書》本傳云：「蒼德安國侯王陵，及貴，父事陵。陵死後，蒼為丞相，洗沐，常先朝陵夫人上食，然後敢歸家。」（卷四十二，頁 2099）張蒼為感激王陵救命之恩，即使在自己顯貴之後，仍然將王陵看作父親一樣侍奉。後來，王陵去世，張蒼任丞相，在休假的時候，依然常常先去探望王陵夫人，並侍奉其吃飯，然後才回家。凌稚隆《漢書評林》說：「至此猶次蒼德王陵一段，應前傳文字，細密如此。」（卷四十二，頁 5A 眉批）記載小事，並非無的放矢，必然有其原因。這裏《漢書評林》以為張蒼的感恩圖報，乃是呼應了前面王陵見張蒼「肥白如瓠」而向劉邦稟報終而赦之之文。另一方面，《漢書》此篇名為「張周趙任申屠傳」，敘寫的是張蒼、周昌、趙堯、任敖、申屠嘉等五人。至於王陵，其事跡見於〈張陳王周傳〉。但史傳多用互見之法，人物事跡可在各篇互相補充，在王陵本傳中不見其援救張蒼的敘述，卻可在〈張周趙任申屠傳〉

見之，補充了我們對王陵的認識，正是紀傳體史書運用互見之法的一例。[1]

第二件小事是張蒼的身高。班固要慶幸自己是漢朝人，否則因為筆下的一些描述，他便會深陷囹圄之中。說的是對傳記人物身高的描述。在香港法例裏，有幾條與反歧視息息相關，分別是性別歧視條例、殘疾歧視條例、家庭崗位歧視條例、種族歧視條例。在傳記裏表明某人的身高，是否具有必要性呢？可能有，但即使有，是否就可以如此書寫呢？到了成年也長不高，可能是侏儒症患者，可能是其他抑制身高增長的遺傳病。《漢書・張蒼傳》云：「蒼父長不滿五尺，蒼長八尺餘，蒼子復長八尺，及孫類長六尺餘。」（卷四十二，頁 2100）指出張蒼父親身高不到五尺，而張蒼卻有八尺多高，其子亦然，到了張蒼的子孫輩高六尺多，似乎更為接近張蒼父親的身高。如此描述所欲表現的是甚麼呢？張蒼天生異稟，其成長發育戰勝了父輩的遺傳？張蒼的生父另有其人，因此遺傳有所不同？或者，沒有任何特殊的意義。今天，一尺等於 30.48 厘米；《漢書》成於漢代，自用漢尺，而據出土所見西漢尺和東漢尺，漢尺平

1　朱東潤云：「史傳有了互見之例，不但重複可以避免，而且可以示褒貶，明忌諱，但是必待研討全書而後纔能看到事實的真相，倘使謹讀本傳，那麼不但不能得到真相，甚至所得的印像，止會是朦朧而不確實。」（朱東潤：《中國傳敘文學之變遷》〔上海：復旦大學出版社，2016 年〕，頁 38。）「《史記》寫作的特長，在於運用互見之例，常能使讀者對於當前的人物，從不同的方面，加以認識。這一特點，在《漢書》裏是保留下來的，有時在運用上使人感覺到比《史記》更大膽，更靈活，因為班固所觸及的人物，常常是幾乎已經論定的，但是他提出其他的事實，我們不能不重加考慮。」（朱東潤：《漢書考索》，載《學術集林》卷九〔上海：上海遠東出版社，1996 年〕，頁 30。）朱說是也。利用史傳互見之法，結合各篇所記，便知王陵為人。

均長度在 23-24 厘米之間。大抵張蒼高達 1.88 米左右，而他的父親高度不及 1.25 米，張蒼的子孫輩則在 1.41 米以上。司馬相如〈難蜀父老〉云：「蓋世必有非常之人，然後有非常之事；有非常之事，然後有非常之功。非常者，固常人之所異也。」（卷五十七下，頁 2584）張蒼的非常高度，大抵揭示了他的事功亦是與眾不同。

中國古人的平均壽命有多長呢？據民國時期許仕廉《人口論綱要》所言，時至二十世紀之初，中國人的平均壽命為 33.4 歲。[1]1936 年由中華民國實業部公佈的分年齡死亡率也有類似的數據。當然，這個數字是結合了古代中國嬰孩的高夭折率統計而成，未必符合今人預期，但所謂人生七十古來稀，好像孔子般能夠享壽七十三歲也就十分罕見了。為甚麼要說這些呢？我們來看一看張蒼。《漢書》本傳云：「無齒，食乳，女子為乳母。妻妾以百數，嘗孕者不復幸。年百餘歲乃卒。」（卷四十二，頁 2100）這裏指出張蒼超過了一百歲才離世。這是張蒼的第三件小事。

張蒼的養生之道是甚麼，吃些甚麼，喝些甚麼，生活規律如何，《史記》《漢書》通通沒有記載。「年百餘歲乃卒」以上，本傳的幾句便值得我們注意：「無齒，食乳，女子為乳母。妻妾以百數，嘗孕者不復幸。」這裏說張蒼晚年口中牙齒已經全數掉了，只能吃些奶製品，但張蒼喝的不是牛奶，也不是羊奶，從「女子為乳母」一句觀之，張蒼喝的當是人奶。張蒼找了一些女子為乳母，用以供應自己每日所需的人乳。但要四處尋找乳母，也是大費周章的。因此，張蒼不假外求，他自己便是妻妾成群，而且凡是懷孕了的就不

---

1 參自許仕廉：《人口論綱要》（上海：中華書局，1934 年），頁 204。

再受到寵愛。這是甚麼原因呢？我們知道，女性分娩後便會分泌母乳，但母乳餵哺最多也只能大概維持兩年，而且奶量也會在這兩年裏一直遞減。另一方面，如果女性在哺乳期間再次懷孕，母乳便會一直減少，大概此非張蒼樂見的情況。此因張蒼已無牙齒，只能吃上流質食物，而人乳營養充足，最適合張蒼享用。為了防止這些女子無人乳供應，張蒼採用了極端的方法：「嘗孕者不復幸。」已經懷孕產子的，為了確保人乳供應，便不再寵幸她，防止她再度懷孕，影響了人乳的供應。

張蒼是成年人，而且一日三餐都要喝人乳，這樣的需求也是頗多的。或以為張蒼貴為退休丞相，本可到民間聘請乳母負責此事。然而，為了確保人乳定時供應，以及良好的衛生情況，人乳出於自家總是最為妥當。今天，嬰兒出生後多喝牛乳，但將人乳與牛乳的營養成分作一比較，便可發現張蒼所以能夠活到百餘歲，人乳實在功不可沒。

人乳與動物乳的比較（每杯）[1]			
營養	人乳	牛乳	羊乳
熱量（千卡）	172	146	168
蛋白質（克）	2.5	7.9	8.7
脂肪（克）	10.8	7.9	10.1

---

1 參自美國責任醫師協會 (PCRM, Physicians Committee for Responsible Medicine) 的統計。

人乳與動物乳的比較（每杯）			
營養	人乳	牛乳	羊乳
飽和脂肪（克）	4.9	4.6	6.5
單元不飽和脂肪（克）	4.1	2.0	2.7
多元不飽和脂肪（克）	1.2	0.5	0.4
碳水化合物（克）	17.0	11.0	10.9
葉酸（微克）	12	12	2
維生素 C（微克）	12.3	0	3.2
鈉（微克）	42	98	122
鐵（微克）	0.07	0.07	0.12
鈣（微克）	79	276	327

　　據上表統計所見，顯而易見，在相同的份量下，人乳能夠提供最多的熱量，這在張蒼早已無齒的情況下，尤為重要。至於其他各項統計，例如脂肪含量最多、包含最高的維生素 C 等，皆可為張蒼提供充足營養。因此，張蒼能夠活上一百餘歲，每天喝上人乳實在極為重要。

　　以上都是張蒼的生平奇事，合共有三，前人學者甚少為此注釋，大抵亦想不出《史記》《漢書》何以有着如此書寫。張蒼因為早年不死，往後官運亨通，秦時為御史；楚漢相爭之時嘗為常山守；平定趙地後為代相，後為趙相；復又再為代相。因討伐燕王臧荼有功，封為北平侯。後改任計相，在高后八年（前 180）時任御史大夫，至文帝四年（前 176）為丞相，文帝後元二年（前 162）免官。

在整個西漢王朝裏，以張蒼為丞相的任期最長，達十四年之久。因其異事眾多，相期之長也就不足為怪了。免相後，張蒼一直活到漢景帝前元五年（前 152）才去世，因本傳嘗言「年百餘歲乃卒」，其生年也定在公元前 252 年或更早。張蒼是陽武人，陽武在戰國時期屬魏國，至秦時始置陽武縣。前 252 年是魏安僖王二十五年，秦滅六國之戰尚未開始，可見張蒼當是魏人。秦滅魏在前 225 年，張蒼已經二十七歲或以上，有成為御史的可能。

張蒼生命之長，又與《左傳》的傳授構成了微妙的關係。《漢書·儒林傳》云：「漢興，北平侯張蒼及梁太傅賈誼、京兆尹張敞、太中大夫劉公子皆修《春秋左氏傳》。」（卷八十八，頁 3620）這裏說在漢興起後，北平侯張蒼和梁太傅賈誼、京兆尹張敞、太中大夫劉公子都研習《春秋左氏傳》。但張蒼《左傳》來自何人，這裏沒有說明。唐代陸德明《經典釋文·序錄》云：「左丘明作傳，以授曾申，申傳衞人吳起，起傳其子期，期傳楚人鐸椒，椒傳趙人虞卿，卿傳同郡荀卿名況，況傳武威張蒼，蒼傳洛陽賈誼，誼傳至其孫嘉。」[1] 據陸德明〈序錄〉所言，張蒼、賈誼並非同修《左傳》，其實乃師徒關係。可是，賈誼即使學習《左傳》，亦不可能傳自張蒼。據《史記》、《漢書》本傳載：賈誼，洛陽人，年十八，河南守吳公召至門下。文帝元年（前 179），徵為博士，賈生此時方離開洛陽，赴任長安。張蒼於呂后八年（前 180）為御史大夫，文帝四年（前 176）「丞相灌嬰卒，張蒼為丞相」（《史記》，卷九十六，頁 2680）。賈誼本傳謂年十八而通《詩》《書》，誦諸子百家之言，即使學習《左傳》亦不

1　陸德明：《經典釋文》（北京：中華書局，1983 年），序錄，頁 26B。

必傳自張蒼矣。再者，張蒼以為漢當繼秦水德，色尚黑；賈誼則謂改正朔，易服色，色尚黃，數用五，持見亦有所不同。由是觀之，賈誼當非張蒼弟子，前人謂賈生師事張蒼，其說皆有未備。

張蒼是漢代的奇人異士，幾件小事，配合漫長的一生，初為秦之御史，入漢後居然在文帝朝任丞相達十四年之久，成為了西漢在位最長時間的丞相，呼應了其獨特的人生。

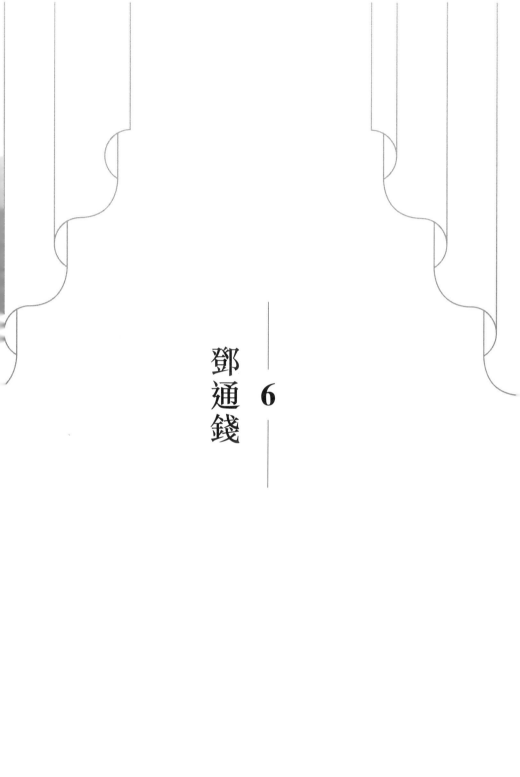

鄧通錢

6

世界各地所發行貨幣，或有國家元首肖像，或為當地賢聖偉人。鄧通錢並非在貨幣鑄上鄧通的肖像，然則何以命名為「鄧通錢」，而鄧通又是何許人？為甚麼能有鑄造「鄧通錢」的權力？

　　鄧通事跡主要見於《漢書‧佞幸傳》。未看鄧通以前，讓我們先來了解何謂「佞幸」。《史記》有〈佞幸列傳〉，《漢書》有〈佞幸傳〉，「佞幸」是在史書裏稱呼因諂媚而得到寵幸的人物。「佞幸」有時又寫作「恩幸」，在二十四史裏，《史記》、《漢書》、《宋史》、《金史》、《明史》有佞幸傳，而《宋書》、《魏書》、《北齊書》、《南史》、《北史》有恩幸傳。合計共有十部史書載有此等諂媚之徒，可見他們也是一些十分重要的歷史人物。

　　《漢書評林》引黃震指出，「此傳立名極佳，謂佞而見幸也。贊稱『愛之適足以害之』一語，尤切萬世而下幸之與見幸者，皆足以戒矣。」（卷九十三，頁 1A 眉批）因佞而得幸，黃氏所言已經指出了本篇的特色。佞幸傳裏得寵的都是男性，可與〈外戚傳〉裏的得寵女性合看。此等佞幸中人，並沒有出眾的才能，只因一味地媚

附、取悅皇帝而獲致富貴、寵幸。據《漢書・佞幸傳》所載，提及的佞幸人物，包括高祖時的籍孺，惠帝時的閎孺，文帝時的鄧通、趙談、北宮伯子，武帝時的李延年，元帝時的弘恭、石顯，成帝時的張放、淳于長，哀帝時的董賢。屈指一算，前漢各朝沒有此等佞幸之臣者，僅景帝、昭帝、宣帝、平帝四朝而已。

佞幸人物，都沒有真本事，能夠出現在皇帝身邊，徒因諂媚奉承。鄧通自不例外。有些巧合，是真是假，無從得知，究竟是有緣相會，抑或是有人刻意營造，別有用心，如今看來，俱往事如煙矣。《漢書・鄧通傳》如此記載漢文帝與鄧通的相遇：

> 鄧通，蜀郡南安人也，以濯船為黃頭郎。文帝嘗夢欲上天，不能，有一黃頭郎推上天，顧見其衣尻帶後穿。覺而之漸臺，以夢中陰目求推者郎，見鄧通，其衣後穿，夢中所見也。召問其名姓，姓鄧，名通。鄧猶登也，文帝甚說，尊幸之，日日異。通亦愿謹，不好外交，雖賜洗沐，不欲出。於是文帝賞賜通鉅萬以十數，官至上大夫。（卷九十三，頁 3722）

鄧通是蜀郡南安人，因為能夠划船而為黃頭郎。漢文帝曾經在夢中意欲登天而行卻未能；突然，有黃頭郎使勁推文帝上天，終於成功，回頭正見推他的人把上衣穿在革帶之下，與別不同。奇裝異服，吸引了文帝的注意力。文帝醒後，到了漸臺，據夢中所見而欲尋找該位划船裝束的黃頭郎，甫見鄧通，其服飾正與夢中人相同。文帝於是立即將鄧通召來，問其姓名，知其姓鄧名通，而「鄧」與「登」讀音相似，文帝聽之非常高興，對鄧通寵幸有加，日甚一

日。唐代司馬貞注釋《史記》，每多援引《漢書》，細意比較二書之文，其注釋裏即指出《漢書》有云「鄧猶登也」（卷一百二十五，頁3193），顯見《漢書》此文較諸《史記》更為詳審，尤其使讀者明白漢文帝所以甚為高興的原因。漢文帝號為聖王賢君，帶領前漢走向太平盛世，卻有如此荒唐的想法，開啟了鄧通在官場上的康莊大道。

佞幸中人另一特點，便是為人小心謹慎，而且一心一意只對皇帝好。如此優點，鄧通也不例外。鄧通品性專心謹肅，不喜歡與外邊交往，即使文帝賜予假期，也不願出去。文帝眼見鄧通如此忠心勤勞，便多次賞賜上萬的錢，前後達十幾次，鄧通更官至上大夫。純因主上喜好，而沒有真正實力，卻能位高權重，鄧通的事跡乃是佞幸的典型。

「鄧通錢」是在怎樣的情況下出現呢？為甚麼鄧通能夠有私自鑄錢的特權？《漢書·鄧通傳》便作詳細描述，當然一切皆源於漢文帝對鄧通的寵愛。有一次，文帝微服私下去鄧通家遊戲，可是鄧通的才能有限，並沒有甚麼特別的表演，只是謹慎地討好主上而已。文帝曾派遣善於看相的人觀看鄧通的運氣，看相者指出鄧通將來肯定貧窮飢餓而死。文帝知悉，對此不以為然，並謂能讓鄧通富貴的人便是自己，而自己身為一國之君，怎麼能說鄧通會貧困而終呢！於是，文帝便將蜀郡嚴道的銅山賞賜給鄧通，讓他自己鑄錢造幣以供使用，確保他一世不會貧窮。因此，鄧通鑄造的錢幣便流佈天下，富甲一方。題為漢人劉歆所撰的《西京雜記》，也有類近的記載：

文帝時，鄧通得賜蜀銅山，聽得鑄錢，文字肉好皆與天子
錢同，故富侔人主。[1]

　　這裏可見鄧通鑄錢真材實料，與當時候民間私自鑄錢摻假的情
況剛好相反。漢文帝開啟「文景之治」，乃古代中國太平盛世的重
要時期。漢文帝一向被後世奉為聖王賢君的典範，其人究竟會否受
鄧通迷惑，而下放鑄錢之權，從而使鄧通致富呢？這個問題早已引
起了學者的關注和反思。李偉〈漢文帝賜鄧通鑄錢辨析〉指出文帝
下令鄧通鑄錢，乃用以抗衡吳王濞所鑄的吳國錢，突顯了漢代中央
政府與地方諸侯之間的矛盾。李氏在文章的最後指出：「漢文帝賜
鄧通銅山鑄錢是一次非常成功的謀劃，可以説完全取得了預期的效
果。其一，它打破了吳錢獨大的局面，使吳王企圖用貨幣操控漢朝
天下的企圖落空，同時也保障漢朝中央的財政安全。其二，終漢文
帝之世，吳王都沒有膽敢反叛。面對漢文帝綿裏藏針的反擊，吳王
始終不敢輕舉妄動，其中固然有很多原因，但僅就經濟原因而言，
主要就應當歸功於文帝對吳王的反擊。鄧氏錢的大量流通，不僅有
效遏制了吳國錢統一全國的企圖，維護了漢朝中央財政的安全，增
加了國家財富，也有效震懾了吳王。」[2] 可憐的是，如果當時形勢確
如李氏此文所論，那麼鄧通只是忠心耿耿地執行了漢文帝的命令，
而我們今天卻只以佞幸之臣評價鄧通，實在於理未合。

1　葛洪：《西京雜記》（西安：三秦出版社，2006 年），頁 126。
2　李偉：〈漢文帝賜鄧通鑄錢辨析〉，載《蘭臺世界》第 14 期（2016 年），頁 124。

明朝胡我琨《錢通》裏的「鄧通錢」

　　有說「一朝天子一朝臣」，皇帝身邊的佞臣自必備受寵愛，可是誰也不知道今上何時駕崩。在皇帝駕崩後，太子繼任為帝，自不可疑，但新帝會否留用父皇舊部，便不得而知。鄧通也面臨這樣的考驗。文帝死後，景帝繼位，但景帝不但沒有重用鄧通，而且十分討厭他。為甚麼呢？景帝為人十分記仇，有一件事讓他一直耿耿於懷。且看《漢書‧鄧通傳》的記載：

　　　　文帝嘗病癰，鄧通常為上嗽吮之。上不樂，從容問曰：「天下誰最愛我者乎？」通曰：「宜莫若太子。」太子入問疾，上使太子齰癰。太子（嗽）〔齰〕癰而色難之。已而聞通嘗為上齰〔之〕，太子慚，繇是心恨通。（卷九十三，頁 3723）

　　這應該是當時皇室發生的一件大事，也正好用來考驗各人對皇帝的忠心程度。漢文帝的身體長了一顆膿瘡，鄧通常常用自己的嘴巴為皇帝吸膿瘡。「癰」是甚麼東西呢？原來是一種皮膚的化膿性及壞死性炎症，屬皮膚感染，多由金黃葡萄球菌引起，侵犯相鄰的多個毛囊後融合形成局部腫脹，中央有許多小孔，呈瘻管狀，非常疼痛。有發燒、寒顫等現象，嚴重時，甚至併發敗血症。癰可切開

引流，隨後用抗生素治療。經過治療後，衛生狀況若無改善，癰仍可復發。以上是今人的認識，那麼古人呢？我們還是翻開了漢代許慎的《說文解字》。《說文‧疒部》：「癰，腫也。从疒雝聲。」〈肉部〉：「腫，癰也。从肉重聲。」[1] 如此解說，對古人來說或許已經足夠，但在今人眼裏，卻幾乎沒有解決任何疑問。古人眼中的「癰」，就是肉腫。古人也沒有抗生素，細菌感染，卻只能着眼解決目睫所及的問題。

鄧通作為寵臣，能夠用上嘴巴為主上解決問題，自得文帝歡心。但只有鄧通一人有嘴巴嗎？顯然不是。可是，滿朝文武百官，以至皇室子弟，捨鄧通以外，便沒有人願意為主上分憂嗎？想到這裏，文帝便悶悶不樂了。皇帝不快樂，鄧通就在身邊，於是文帝向鄧通詢問，問其普天之下誰人最愛最關心自己。鄧通是天真，抑或是心懷不軌，我們不得而知，反正鄧通如此回應：對您的關心和愛，世上無人超越太子。鄧通的答案，致使文帝欲作測試：究竟太子是否最愛自己的人呢？於是，在太子前來問候之時，文帝讓太子為自己吸瘡；太子雖然吸了，但看得出面有難色。及後，太子聽說鄧通曾經為皇帝吸瘡，自認弗如，並感慚愧，卻由此在暗地裏痛恨鄧通。

文帝的一顆膿瘡，不單測試了誰人最愛自己，同時，也為鄧通埋下了殺身之禍。此瘡真不簡單！

古代帝王之家，能夠成為太子固然不簡單，但要在父王駕崩前一直保持太子之位也不簡單。閱讀歷史，我們會知道覬覦着太子之

1　《說文解字》，七下，頁 13A；《說文解字》，四下，頁 11B。

位者不在少數，能夠順利繼承皇位的太子必然有其能耐，心狠手辣的文帝太子，果然成功在父親駕崩後即位，後世號為漢景帝。

太子即位，要做的事情當然很多，但景帝要做的居然是要清除一位父王的舊臣。《漢書‧鄧通傳》記載得十分簡潔，也簡潔得讓我們因果明瞭。其文：「及文帝崩，景帝立，鄧通免，家居。」只用了十二個字，便交代了鄧通在文帝駕崩後的情況了。在景帝即位以後，便立刻將鄧通罷官了，而鄧通也只能退居家中。純粹居家，並不能使景帝忘記鄧通昔日爭奪吸瘡之事，因此還要想盡辦法將鄧通置諸死地。過了不久，有人告發鄧通私出西南在外鑄錢，於是景帝派官員查究此事，得到實證。於是，鄧通罪成，其私出鑄錢所獲利益遂全數沒收。《漢書評林》引王慎中云：「景帝能不改父之臣，縱有過尚或諒之，矧自慚其齰癰之難色也，而遂羅織其罪乎？」[1]以為景帝是因吸瘡之事而起殺人之心，所說有理。[2]

鄧通的下場是悲慘的。不知為何，鄧通家還負債累累。文帝女兒館陶長公主賜給鄧通的錢財，官吏一並沒收，甚至連一個簪子也不留給鄧通戴在身上。在迫於無奈的情況下，長公主唯有讓人借些衣服和食物給鄧通。最後，鄧通真的不名一文，寄居於別人家中而死。凌稚隆《漢書評林》說：「『竟不得名一錢』，與『其富如此』相

1　凌稚隆：《漢書評林》，卷九十三，頁 2B 眉批。

2　錢穆《秦漢史》云：「景帝雖遵業，慈祥之性，不能如其父。」（錢穆：《秦漢史》〔臺北：東大圖書公司，1992 年第 6 版〕，頁 63。）錢説是也。景帝仍是太子之時，吳王濞嘗派遣兒子入京朝聖。吳太子與景帝是堂兄弟，關係親近。有一天，景帝與吳太子下棋，發生爭執，景帝居然拿起棋盤扔向吳太子，將他砸死。景帝年幼尚且如此兇狠，長大後他的兇殘可想而知。吳王濞痛失愛子，含恨在心，終於引至日後吳楚七國之亂。此事見載於《漢書‧荊燕吳傳》。

顧，『寄死人家』應前『餓死』句。」(卷九十三，頁 3A 眉批)《漢書》文字前後呼應，這是一例；誠然，如果鄧通並非餓死的話，前文大概也不會特地着重以寫相士之言。

「愛之適足以害之」，文帝寵幸鄧通，結果鄧通最後不單沒有大富大貴，更是「寄死人家」。這一方面是《漢書》敘事呼應前文，同時也是給佞幸大臣來了一個總結。如果鄧通本有實力，能夠成就大事業，並非徒以體貼入微而得到重用，那麼在景帝即位後也不會立刻遭到罷免，更不會因吸癰之事招致殺身之禍。文帝愛鄧通，但並不是以合適的方法，非正道而行，最後只能得到悲劇般的結局。

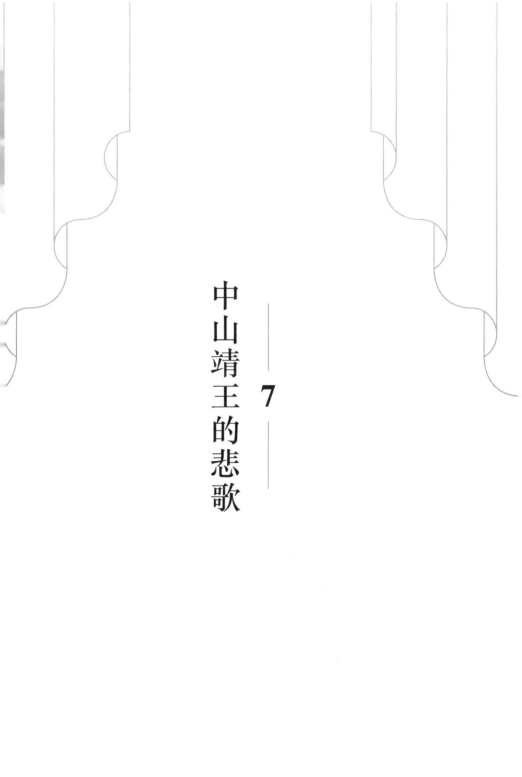

7

中山靖王的悲歌

秦代滅亡以後，漢繼秦而立，前朝的一切都成為了後朝的借鑑。秦用了十五年的時間，結束了春秋戰國時代諸侯紛立的局面。秦始皇沒有繼續使用封建制度，改為以中央集權制的模式推行郡縣制，有效防止所封諸侯勢力過於強大的情況。可是，秦僅十五年亦告滅亡，且在覆亡的過程裏，無人勤王也成為了後人討論秦亡的一大原因。漢繼秦而立，又重新回到了討論的起始點，究竟分封制與郡縣制，何者能夠使得漢室長治久安呢？

　　漢代的思維是兩種制度各有好處，不如我們擇其優者而用之。於是，漢代初年便出現了一個嶄新的名詞──「郡國制」。這個制度就是郡縣制與分封制並行而不悖。漢代重新分封，這些諸侯大多是輔助漢高祖劉邦得天下的異姓功臣，即異姓諸侯王。例如初封齊王，後封楚王，最後貶為淮陰侯的韓信；燕王盧綰、臧荼、淮南王英布、梁王彭越、韓王姬信、趙王張耳、長沙王吳芮等。這些諸侯皆為漢室立下汗馬功勞，不過，並不姓劉，已注定了之後的命運。

後來，這些異姓諸侯王漸生背叛之心，劉邦領軍逐一剷除。高祖晚年，更與藩王、功臣等訂立了著名的「白馬之盟」，其中即包括了「非劉氏而王者，天下共擊之」（卷四十，頁 2047）。

　　沒有了異姓諸侯王，並不等同漢代完全放棄了郡國制，取而代之者，乃是同姓諸侯王，即封劉氏宗親為諸侯王。同為劉姓，便解決了諸侯國勢力過大的問題嗎？倒也未必。皇帝分封同姓諸侯，不是自己兄弟，便是自己兒子，都很親近。到了皇帝駕崩以後，一世又復一世，中央政府與地方諸侯關係愈來愈疏，諸侯背叛作亂的情況還是出現。直到漢武帝時，主父偃提出實行推恩之策，[1] 規定諸侯王死後，除嫡長子繼承王位外，其他子弟也可分割王國的一部分土地成為列侯，由郡守統轄。結果，由於諸侯國愈分愈細，才正式解決了地方諸侯勢力過於強大的問題。

　　為甚麼要說這些呢？推恩令又跟中山靖王有何關係？這位中山靖王又有何過人之處呢？中山王劉勝是漢景帝的第九子，漢武帝的異母弟，封中山王，諡號靖，即中山靖王是也。他的事跡主要見載於《漢書·景十三傳》。「景十三王」這個篇名十分簡單，說的是漢景帝那十三個當了諸侯王的兒子。漢景帝的有十四個兒子，其

1　推恩令在漢武帝時代推出，但早在漢文帝之時，賈誼便已經注意到地方諸侯勢力過於強大的問題，因此提出了「眾建諸侯而少其力」的主張，以為諸侯如有多少子嗣，便悉數在原諸侯王死後可得到若干土地。利用這樣的方法以瓦解諸侯的勢力。可是，文帝沒有採用賈誼的主張。到了漢景帝時，晁錯執行削藩令，原因亦在於地方諸侯勢力過大，最終卻引起了吳楚七國之亂。但賈誼、晁錯的主張，其實皆為了主父偃的推恩之策張本，使諸侯問題終於在武帝朝得到了終極的解決。

中與王夫人所生的劉徹後來當了皇帝，是為漢武帝，故其生平不在〈景十三王傳〉裏。這十三位諸侯王，當不了皇帝，可以在封地享盡榮華富貴，卻沒有在政治上的實權，更不時受到皇帝的猜忌。這十三位諸侯王包括了臨江閔王榮、河間獻王德、臨江哀王閼于；魯共王餘、江都易王非、膠西于王端；趙敬肅王彭祖、中山靖王勝；長沙定王發；廣川惠王越、膠東康王寄、清河哀王乘、常山憲王舜。同樣記載這些諸侯王，《史記》命名為「五宗世家」，強調十三王分別出自五位景帝妃嬪。《漢書》直接稱十三王，與《史記》顯有不同。《漢書評林》引用黃震所言，總評十三王：「景十三王，惟河間王最賢，其學甚正，雖當時士大夫亦鮮及之。餘率驕恣自滅，大率漢之封建，非特城邑過制，亦失『雖有周親，不如仁人』之意，故適足以禍之耳。」（卷五十三，頁 1B 眉批）指出這十三位諸侯王，除了河間獻王最為賢德以外，其餘大抵皆「驕恣自滅」，黃震雖然將問題歸咎於漢代之封建制度，但是十三王之驕恣，卻是誰也無法否認的事實。

沒有政治自由，但有財富支撐，便是當時諸侯王的寫照；簡言之，諸侯王們有錢而無權，那麼平日可以做些甚麼事情呢？當然，每人嗜好各有不同，讓我們且看中山靖王劉勝。《漢書‧景十三王傳》云：「勝為人樂酒好內，有子百二十餘人。」（卷五十三，頁 2425）這裏清楚說明劉勝為人愛好酒色，有子一百二十餘人。劉勝是漢景帝的第九子，生年不完全清楚，但在景帝前元二年（前 155）同母兄劉彭祖獲封為廣川王，劉勝則在翌年（前 154）獲封為中山王。到了武帝元鼎四年（前 113）春二月，中山王勝薨，結束了當諸侯王的四十二年光景。

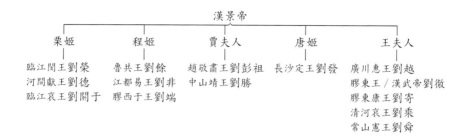

中王靖王劉勝在甚麼時候開始有子嗣，頗為神祕。無論如何，有着 120 多位子嗣，也是匪夷所思的。一位妃嬪是不可能生產這麼多，但劉勝到底有多少妻妾，史籍卻沒有明確記載。《漢書》早就說明了中王靖王「樂酒好內」，「樂酒」十分容易理解，就是喜歡喝酒。「好內」，唐代顏師古注釋：「好內，耽於妻妾也。」（卷五十三，頁 2426）可見劉勝終日沉迷於女性的溫柔鄉之中，這也就解釋了他何以會有 120 多位子嗣了。又有一說，以為劉勝是有子孫合共 120 多人，這是結合《史記‧五宗世家》所言而論。《史記‧五宗世家》云：「勝為人樂酒好內，有子枝屬百二十餘人。」（卷五十九，頁 2099）日人瀧川資言《史記會注考證》引查慎行曰：「云『枝屬』，則子孫內外，群在其數。」瀧川氏自注：「併孫數之，故曰『枝屬』。《漢書》刪『枝屬』二字。」[1] 以為 120 餘人乃以子孫合言。王先謙《漢書補注》云：「官本《攷證》云『按《史記》作有子枝屬百二十餘人，似并孫數之。』」[2] 同樣指出乃子與孫之合數。比合諸家所言，大抵以為有子嗣 120 餘人為不可信，然而「枝屬」本指旁

1　瀧川資言：《史記會注考證》，卷五十九，頁 12。
2　王先謙：《漢書補注》，卷五十三，頁 3918。

系親屬，即以二字置諸《史記‧五宗世家》之文，仍不可完全通解。反之，「有子百二十餘人」是否不可信，是否在人世間無可比擬，卻又不必如是。比拼子嗣之多，中山靖王劉勝原來只能排名第三；次名為沙特阿拉伯王國的第一位國王阿卜杜勒 - 阿齊茲‧本‧阿卜杜拉赫曼‧本‧費薩爾‧阿勒沙地（Abdulaziz bin Abdul Rahman Al Saud），或稱伊本沙特，有子女 160 多人；而首名則是摩洛哥阿拉維王朝的第二位蘇丹穆萊伊斯梅爾（Moulay Ismail Ibn Sharif），根據法國外交官多米尼克布斯諾（Dominique Busnot）的著作，伊斯梅爾至少有 500 位王妃，共有 868 個孩子（525 個兒子和 343 個女兒）被記錄在案，最終總數不確定，而吉尼斯世界紀錄則聲稱有 1042 個孩子。

其實，中山靖王劉勝作為有錢而無政治實權的同姓諸侯王，終日眷戀男女之事亦在情理之中。劉勝的「樂酒好內」，甚至惹來同母兄趙王劉彭祖的批評。據《漢書‧景十三王傳》記載：

> 常與趙王彭祖相非曰：「兄為王，專代吏治事。王者當日聽音樂，御聲色。」趙王亦曰：「中山王但奢淫，不佐天子拊循百姓，何以稱為藩臣！」（卷五十三，頁 2425-2426）

中山靖王劉勝曾與趙王彭祖相互指責，劉勝率先批評兄長，以其作為藩王，專門代官吏治事；為王應當日聽音樂，玩賞歌舞美女。趙王則回應指出，中山王只管奢侈淫樂，不輔佐天子安撫百姓，怎麼能夠稱為藩臣呢！驟眼看來，趙王劉彭祖仗義執言，正切中山王之弊。不過，如取《漢書‧景十三王傳》裏劉彭祖的事迹觀之，即知何謂五十步而笑百步也。「彭祖為人巧佞，卑諂足共，而

心刻深，好法律，持詭辯以中人。多內寵姬及子孫。」（卷五十三，頁 2419）分明指出劉彭祖為人虛偽不實，奉迎諂媚，對人過度謙敬，而內心嚴酷，慣用法律，用詭辯來陷害別人，且又多納寵姬有很多子孫。其中「多內寵姬及子孫」，跟中山王的「樂酒好內，有子百二十餘人」又有何分別呢？耽於聲色，實乃當時許多諸侯王的共同特點。

讓我們回到推恩令的問題吧！推恩令是否成功，我們看看中山靖王的子嗣便可知一二。在《漢書‧王子侯表》裏，有一段寫得美侖美奐的序言：

> 大哉，聖祖之建業也！後嗣承序，以廣親親。至于孝武，以諸侯王疆土過制，或替差失軌，而子弟為匹夫，輕重不相準，於是制詔御史：「諸侯王或欲推私恩分子弟邑者，令各條上，朕且臨定其號名。」自是支庶畢侯矣。《詩》云「文王孫子，本支百世」，信矣哉！（卷十五上，頁 427）

這裏提及聖明的漢高祖劉邦創建偉大的基業，此後世世繼承，將親人便當親近的道理加以推廣。及至漢武之世，由於諸侯王所管轄的疆土超過限度，有的則衰落不守規矩，使子弟們淪為平民，輕重失衡，於是武帝便給御史詔書，行推恩之令，謂諸侯王如欲將恩德推廣給子弟，便將城邑分配，請他們自行上報，皇帝將親自確定其名號。從此以後，支派庶子皆能成侯。《漢書》也不忘援引《詩經》，為此政策歌頌一番，《詩‧大雅‧文王》「文王孫子，本支百世」二句，意指周文王的子孫裏嫡系成天子，支庶成諸侯，百代延綿不絕。如今漢室便是繼承了此法。

劉勝有一百二十多位子嗣，但中山國沒有分裂為一百二十多個。據〈王子侯表〉記載，在中山靖王劉勝的子嗣裏而得到封侯者，包括臨樂敦侯劉光、東野藏侯劉章、高平侯劉喜、廣川侯劉頗、乘丘節侯劉將夜、高丘哀侯劉破胡、柳宿夷侯劉蓋、戎丘侯劉讓、樊輿節侯劉脩、曲成侯劉萬歲、安郭于侯劉傳富、安險侯劉應、安道侯劉恢、澎侯劉屈氂等合共十四位。中山國之地，在秦時本屬恒山郡，至景帝三年（前 154）立劉勝為中山王，則將常山郡（即恒山郡，因避文帝名諱而改名）東部置中山國，治所在盧奴縣（即今河北定州）。出現了十四位侯王，等同將中山國再細分為十四小國，此舉無疑是解決了長久以來困擾漢室的地方諸侯勢力過大的問題。

漢代的同姓諸侯王在封地富甲一方，但無政治實權，性情每多變得乖戾。中山靖王劉勝、趙王劉彭祖妻妾成群，子嗣眾多，在景帝十三名兒子裏尚算正常。臨江閔王劉榮為廢太子，後畏酷吏郅都審訊，自殺而死。魯共王劉餘「好治宮室苑囿狗馬，季年好音」（卷五十三，頁 2413），不務正業。江都易王劉非「好氣力，治宮館，招四方豪桀，驕奢甚」（卷五十三，頁 2414），仿如土豪，錯生帝王之家。膠西于王劉端「為人賊戾，又陰痿」（卷五十三，頁 2418）。長沙定王劉發因「其母微無寵，故王卑溼貧國」（卷五十三，頁 2426），對漢中央無甚威脅。膠東康王劉寄意欲參與淮南王謀反之事，常山憲王劉舜則是「驕淫，數犯禁」（卷五十三，頁 2434）。此中唯有河間獻王「修學好古，實事求是」（卷五十三，頁 2410），乃是其中一股清泉。取以上諸王與中山王劉勝比較，可見其人不過是生小孩有點多，並沒有做太多壞事，在景十三王裏，雖非楷模，但亦沒有遺害無窮！

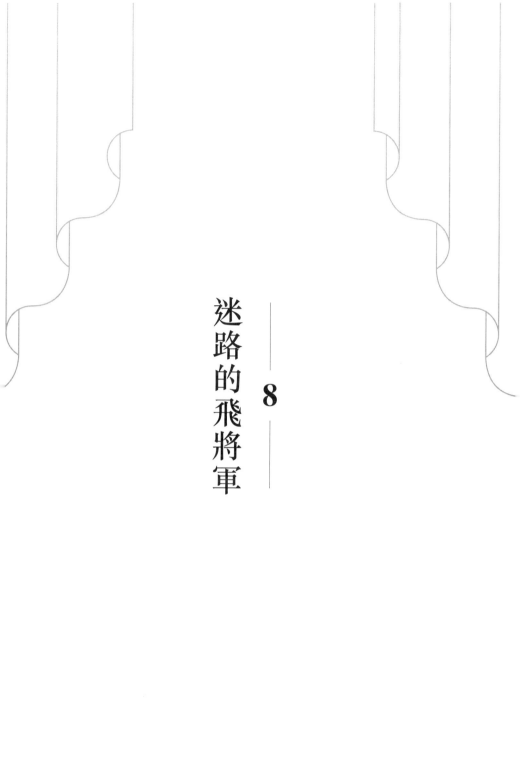

迷路的飛將軍

——— **8** ———

要成為一代名將，必須要符合許多條件，戰無不勝固然是重中之重。此外，有的可能武藝超人，有的善於調兵遣將，有的戰術千變萬化，有的愛護士卒，有的對士卒心理狀況瞭如指掌，這些都十分重要。可是，運氣如何也是行軍作戰的關鍵，運氣不好更會導致兵敗而亡。

　　漢代名將有許多，最為人熟悉的肯定是衛青與霍去病。衛青是漢武帝衛皇后的同母異父弟，後來更成為了武帝姐姐平陽長公主的丈夫；而霍去病則是衛皇后的姨甥，衛青的外甥。二人既是將軍，更有着外戚的身份，在漢武帝之世極為顯赫。其實，漢代在文帝至武帝在位時期，還有一位名將，那便是號為「漢飛將軍」的李廣。李廣事跡具見《漢書‧李廣蘇建傳》。此篇以李廣和蘇建二人為篇名，實際上主要記載了四個人物的生平事跡，包括李廣及其孫李陵、蘇建及其子蘇武。凌稚隆《漢書評林》以為「合傳李、蘇兩家，以皆奮擊匈奴之故，而陵之甘心降虜，武之守節不二，則並以相影云」（卷五十四，頁 1A 眉批）。凌稚隆的評價，有的部分並不好解

讀。李廣是「漢飛將軍」，謂之為奮擊匈奴的名將，與史實相副。蘇建確為抗擊匈奴的將軍，但未至於為名將，且一直是衛青的部下。其實，《漢書》以「李廣」和「蘇建」合傳，重點在於李廣之孫李陵，以及蘇建之子蘇武。但李陵是否「甘心降虜」呢？本文不作重點探討李陵投降的原因，然觀乎司馬遷在〈報任少卿書〉裏對李陵事件的理解，李陵有「國士之風」（卷六十二，頁2729），投降匈奴實屬迫不得已。蘇武的「守節不二」，則是事實，且其人於宣帝之世更當上了「麒麟閣十一功臣」之一，有功於宣帝中興。

我們在這裏的中心人物是「漢飛將軍」李廣。李廣生平，可用「數奇」（卷五十四，頁2448）二字概括。這是甚麼意思呢？數即命運，奇即不偶、不逢時，「數奇」即運氣不佳。如遍觀李廣此傳，「數奇」可謂貫串全篇，乃其一生的寫照。

李廣騎馬射箭俱精，武藝過人殆無可疑。先說其箭法如神。據《漢書》本傳所載，李廣「世世受射」，是其家世代學習射箭。凌稚隆《漢書評林》指出「世世受射」一句，乃是「一傳綱領」（卷五十四，頁1A眉批）。李廣又以良家子弟的身份從軍抗擊匈奴，因為擅長射箭，殺死、俘虜了很多敵人，因而當上了郎官，任騎常侍。篇中敘寫李廣善射，次數甚多，以上是第一次。第二次是提及李廣「數從射獵，格殺猛獸」（卷五十四，頁2439），當時李廣跟隨文帝射箭打獵，擊殺了猛獸。第三次是李廣遇上了三個匈奴射鵰手，此三人箭術非凡，但李廣射藝更精，射死二人，活捉一人。第四次是李廣射殺匈奴白馬將。第五次是在一次被俘後取得小兒弓而射殺追騎逃走。第六次是射虎而中石沒矢，第七次是在右北平射虎。第八次是與胡騎作戰，李廣以大黃弓射殺了匈奴裨將。第九次

是敘述李廣善射乃為天性使然。以此多番鋪陳李廣善於射箭，則其善射蓋無可疑。牛運震《史記評注》以為「一篇精神，在射法一事，以廣所長在射也」，[1] 正是指出全篇宗旨在於反映李廣的射術。李廣善射，卻有「非在數十步之內，度不中不發」（卷五十四，頁 2447）之弊，故為虎傷。此可見李廣發箭小心謹慎，箭無虛發，但因必需待獵物接近後方能出之，故李廣的箭術實際上也存在不少的侷限。

對讀《史記》與《漢書》，可見在描寫李廣射藝之餘，《漢書》似乎遺忘了其精湛之騎術。《史記・李將軍列傳》指出李廣「用善騎射」（卷一百九，頁 2867），可惜《漢書》襲取《史記》之時只作「用善射」（卷五十四，頁 2439），無「騎」字，則後文敘述李廣之善騎在故事前段無所呼應。《漢書》襲取《史記》之文，多事刪削，以省減用字。細究本傳之文，可見李廣騎術亦精。尤其見於以下一事：

> 廣以衛尉為將軍，出雁門擊匈奴。匈奴兵多，破廣軍，生得廣。單于素聞廣賢，令曰：「得李廣必生致之。」胡騎得廣，廣時傷，置兩馬間，絡而盛臥。行十餘里，廣陽死，睨其傍有一兒騎善馬，暫騰而上胡兒馬，因抱兒鞭馬南馳數十里，得其餘軍。匈奴騎數百追之，廣行取兒弓射殺追騎，以故得脫。（卷五十四，頁 2443）

當時，李廣由衛尉調任將軍，從雁門郡出擊匈奴。匈奴兵士甚眾，不單擊敗了李廣軍隊，更活捉了李廣。匈奴首領嘗聞李廣才

1　牛運震：《史記評注》（西安：三秦出版社，2011 年），卷十，頁 275。

能，故下命必須生擒李廣。結果，匈奴騎兵活捉李廣，惟李廣有傷，匈奴人便將李廣安置在兩馬之間，用繩索結成網兜讓李廣躺着。趕路十多里後，李廣裝死，卻斜視旁邊匈奴少年騎着一匹好馬，說時遲那時快，李廣縱身一躍，跨上匈奴少年的馬，抱着少年策馬向南奔跑數十里，又收集了他的殘餘部隊。匈奴追捕的騎兵幾百名追趕他，李廣一邊跑一邊拿起匈奴少年的弓箭，射死了追來的騎兵，因此得以脫身。讓我們試着回到漢代初年的場景。如果不是李廣熟知騎術，哪會看得上而搶奪匈奴少年之馬匹？想必李廣對馬匹認識甚深，故能一看便知馬匹的好與壞。《漢書》刪去了「用善騎射」的「騎」字，李廣優秀的騎術便失去了依靠。

　　兩兩相較，《史記》與《漢書》引人入勝之處甚多。《漢書》裏的李廣，「暫騰而上胡兒馬，因抱兒鞭馬南馳數十里」；《史記》裏的李廣，則是「廣暫騰而上胡兒馬，因推墮兒，取其弓，鞭馬南馳數十里」。二書所載，驟眼看來差異不大，排比對讀如下：

　　　　《史記》　廣暫騰而上胡兒馬，
　　　　《漢書》　　暫騰而上胡兒馬，

　　　　《史記》　因推墮兒，取其弓，鞭馬南馳數十里
　　　　《漢書》　因抱　兒　　　　　鞭馬南馳數十里

　　這裏可見李廣同樣跳上了匈奴少年的馬，《史記》裏李廣將少年推墮在地，並取其弓；《漢書》的李廣則仁慈多了，不但沒有推墮少年，更將他抱在懷中，策馬南奔。明人茅坤並不認同《漢書》

的説法，指出「《史記》推墮兒為是」。[1] 其實，《漢書》所言並非沒有依據，徐廣《史記音義》云：「一云『抱兒鞭馬南馳』也。」（卷一百九，頁 2871）指出《史記》別本有作「抱兒鞭馬南馳」者，而今所見《漢書》正與別本《史記》相同，殆為《漢書》所本。清人洪頤煊《讀書叢錄》嘗就「抱」字作考證，以為「抱」有拋義，[2] 據此則與「推墮兒」云云於義無別，可作一説。相較而言，《史記》所載李廣此舉，行徑雖劣，但屬合理之餘，也能與後文「射殺追騎」相呼應。如據《漢書》所載，李廣抱着匈奴少年，復要鞭馬，又怎能騰出雙手以拉弓射箭呢？

李廣「數奇」，運氣不佳，多次作戰，不得封賞。第一次是在出擊吳、楚凱旋，卻因李廣的將軍印乃由梁王所授，故不得封賞金。第二次以馬邑城誘單于，卻為單于察覺，故無功而還。第三次是上文所説為匈奴人生擒，卻取少年弓而得逃歸，本當斬，終以贖為庶人作結。第四次出擊定襄，諸將獲封侯者多，唯獨李廣不得封賞。第五次是與博望侯張騫分道出右北平，結果張騫稽緩行期，理當處死而贖為庶人。李廣雖然有功，但損失亦不少，功過相抵，故無封賞。牛運震《史記評注》對此分析甚為詳細，可以參考。牛運震《史記評注》云：

　　　　一篇感概悲憤，全在李廣「數奇」、「不遇時」一事。篇首「而文帝曰：『惜乎，子不遇時』」云云，已伏「數奇」二字，便

1　凌稚隆：《漢書評林》卷五十四，頁 3B 眉批。
2　洪頤煊：《讀書叢錄》（道光二年富文齋刻本），卷二十一，頁 1B。

立一篇之根。後敘廣擊吳、楚,「還,賞不行」,此一「數奇」也;馬邑誘單于,「漢軍皆無功」,此又一「數奇」也;「為虜所生得,當斬,贖為庶人」,又一「數奇」也;出定襄,而「廣軍無功」,又一「數奇」也;出右北平,而「廣軍功自如,無賞」,又一「數奇」也;出東道,而失道,後大將軍,「遂引刀自剄」,乃以「數奇」終焉。至「初,廣之從弟李蔡」云云,以客形主。及廣與望氣語,實敘不得封侯之故,皆著意抒發「數奇」本末。上「以為李廣老,數奇」云云,則明點「數奇」眼目。傳末敘當戶早死,李陵生降,曰「李氏陵遲衰微矣」,又曰「李氏名敗」云云,總為「數奇」、「不遇」餘文,低徊淒感。此又一篇之主宰,而太史公操筆謀篇時所為激昂不平者也。[1]

　　觀乎此文,牛運震乃以「數奇」、「不遇時」,即運氣不佳、生不逢時,作為《史記・李將軍列傳》的綱領。及至篇末,司馬遷記述李廣隨衛青出擊匈奴,衛青出行前接受了漢武帝的告誡。武帝因李廣年老,且運氣不佳,故不欲他獨對單于。衛青因此將李廣調動,李廣一再向衛青請求而不得,乃出東道前進,卻於途中迷路,因而錯過了原定的集合日期,犯了軍中大罪,未及朝見天子,李廣便自刎而死。李廣曾說,自己從年輕的時候起與匈奴大大小小經歷了七十多次戰鬥,這一次有幸跟隨大將軍衛青迎戰單于的部隊,可是大將軍又調我的部隊走迂迴遙遠的路,偏又迷失了路,難道不是天意嗎?李廣以為自己已經六十多歲了,不能再面對審問人員的侮

1　牛運震:《史記評注》(西安:三秦出版社,2011年),卷十,頁275。

辱了。李廣死前的說話，總結了全篇「不遇時」和「數奇」的主旨。「豈非天哉」一句更直接指出天命的安排，非人事所能改變者，既是李廣死前的悲鳴，更寄託了司馬遷的惋惜和感嘆。

讀罷《漢書‧李廣蘇建傳》，相信無人會對李廣的個人武藝有懷疑。但領兵作戰畢竟是集體行為，將軍的手下不可能沒有士卒，為將者更要有着極高的領導才能。李廣看來於此皆有闕。在上引李廣的最後一戰，李廣率兵從東路出擊單于，東路雖然較為遙遠，但結果李廣卻因迷路之故而沒有在指定時間與大將軍衛青會合。試想想，將軍領兵作戰，卻居然迷路。李廣本人雖將此歸咎為天意，如果我們細心一想，行軍之前，自有大量的準備工作，派遣偵察兵勘探地形必不可缺。可惜的是，李廣顯然並沒有做好準備，最終在迷路的情況下完成了抗擊匈奴之舉。

李廣的軍隊多次被圍困，這是否也牽涉李廣的領軍能力呢？在發現匈奴射鵰者的一次，李廣軍隊只有百餘人，遭數千匈奴騎兵發現，好不容易才能突破重圍。另在馬邑之役，李廣更被匈奴兵生擒。在右北平之役，李廣軍隊四千人又被匈奴左賢王四萬人所圍困。為何每次李廣領兵，不是全軍覆沒而自身被擒，便是深入敵陣慘遭包圍呢？這顯然是李廣調兵遣將並不出色所致。

「數奇」是漢文帝的判斷，其實李廣本人騎射俱精，但領導軍隊行軍作戰的能力平庸，這才是他的戰功不及衛青、霍去病等名將的原因。迷路的李將軍，不免予人落魄英雄的凄美形象。

愛情路上三人行

—— 9 ——

中國文化熱衷於一雙一對，在人類的愛情故事裏，能夠執子之手，與子偕老，絕對是羨煞旁人。在《搜神記》卷十一所載的韓憑夫婦，因受奸人迫害，死後不得合葬，可是在一夜之間，兩棵大梓樹便將兩座墳墓連結了起來，真的是「在地願為連理枝」了。現代愛情故事不時有着三角關係，考諸《漢書》，原來也不是甚麼新事物；曹壽、平陽公主、衛青便有着如此的不尋常關係了。

　　如此特殊的三人行，關鍵不在曹壽和衛青，而在平陽公主身上。因此，讓我們一起來看看漢武帝的同母姐平陽長公主吧！甚麼是「長公主」呢，且看蔡邕的說法。《史記集解》引蔡邕曰：「帝女曰公主，儀比諸侯。姊妹曰長公主，儀比諸侯王。」（卷十二，頁 464）據蔡邕之說，皇帝之女曰公主，皇帝之姊妹則曰長公主。《漢書‧外戚傳》顏師古注：「年最長，故謂長公主。」（卷九十七上，頁 3943）結合顏注，可知皇帝姊妹之中最年長者即長公主。自東漢以後，皇帝之女稱公主，姊妹稱長公主，姑母為大長公主。在《史記》裏所見之漢代長公主共有四人，分別是館陶長公主、平陽長公主、衛長公主、鄂

邑蓋長公主。

漢代公主乃漢帝之女，地位高尚，收入可觀，長公主更是當中之佼佼者。前引蔡邕之説，謂長公主「儀比諸侯王」。據《漢書》所載，鄂邑公主（漢武帝與李姬之女）封在鄂縣，昭帝即位後（前87）封為長公主，「帝姊鄂邑公主益湯沐邑，為長公主，共養省中」（卷七，頁217）。鄂邑長公主原本食封戶數未有明言，但此言其湯沐邑有所增加。昭帝始元元年（前86），「益封燕王、廣陵王及鄂邑長公主各萬三千戶」（卷七，頁219）。三人皆昭帝異母兄姊，可知鄂邑長公主又益封13,000戶。元鳳六年（前75），「長公主共養勞苦，復以藍田益長公主湯沐邑」（卷七，頁225）。這裏雖然未有明言益封長公主多少戶，惟鍾一鳴〈漢代公主之食邑及其他〉以始封、益封各一萬戶計，則鄂邑長公主在這個時候可能已得封邑33,000戶。[1] 如果以此跟昭帝時期其他封侯食邑比較，據《漢書‧景武昭宣元成功臣表》及〈外戚恩澤侯表〉所載，可得如下：

	號諡姓名	戶數	出處
1	秺敬侯金日磾	2218	景武昭宣元成功臣表
2	建平敬侯杜延年	2360	景武昭宣元成功臣表
3	宜城戴侯燕倉	700	景武昭宣元成功臣表
4	弋陽節侯任宮	915	景武昭宣元成功臣表

1   鍾一鳴：〈漢代公主之食邑及其他〉，載《益陽師專學報（哲社版）》第3期（1988年），頁32。

	號諡姓名	戶數	出處
5	商利侯于山壽	915	景武昭宣元成功臣表
6	成安嚴侯敦忠	724	景武昭宣元成功臣表
7	平陵侯范明友	2920	景武昭宣元成功臣表
8	義陽侯傅介子	759	景武昭宣元成功臣表
9	博陸宣成侯霍光	17,200	外戚恩澤侯表
10	安陽侯上官桀	2300	外戚恩澤侯表
11	宜春敬侯王訢	608	外戚恩澤侯表
12	安平敬侯楊敞	5547	外戚恩澤侯表
13	富平敬侯張安世	13,640	外戚恩澤侯表
14	陽平節侯蔡義	700	外戚恩澤侯表
15	桑樂侯上官安	1500	外戚恩澤侯表

　　準上所見，漢昭帝時封侯平均封邑戶數為 3534 戶，而鄂邑長公主之封邑估計超過 30,000，其貴盛可見一斑。此外，昭帝即位之初，亦嘗「賜長公主及宗室昆弟各有差」（卷七，頁 218），至始元四年（前 83），復「賜長公主、丞相、將軍、列侯、中二千石以下及郎吏宗室錢帛各有差」（卷七，頁 221）。此等封賜，皆可見鄂邑長公主所得比起其他宗室昆弟為多，其尊貴復可知矣。

　　其他如景帝姊館陶長公主劉嫖，《史記·外戚世家》載竇太后崩後，「遺詔盡以東宮金錢財物賜長公主嫖」（卷四十九，頁 1975）。館陶長公主乃景帝之同母姊，皆出竇太后，故竇太后崩，其遺詔乃以太后所居之東宮錢財盡歸長公主，如此則館陶長公主亦是富甲一方。

讓我們回來看平陽長公主。平陽公主乃漢景帝與王皇后之女，漢武帝之同母姊。初封陽信公主，後因嫁予曹參曾孫平陽侯曹壽，故稱平陽公主。《漢書‧外戚傳》云：「初，皇后始入太子家，後女弟兒姁亦復入，生四男。兒姁蚤卒，四子皆為王。皇后長女為平陽公主，次南宮公主，次隆慮公主。」（卷九十七上，頁 3947）可知平陽公主乃景帝王皇后之長女。至於平陽公主何時得到長公主之封號，則史無明文。《史記‧衛將軍驃騎列傳》有「大將軍以其得尚平陽長公主」（卷一百十一，頁 2940）云云，則其時已得長公主之號也，然其始封於何時，則不得而知矣。

　　平陽長公主是漢武帝之親姊，二人感情特佳，孝武衛皇后、孝武李夫人皆由平陽長公主推薦；平陽長公主與大將軍衛青之婚姻，亦由武帝促成。據《漢書‧外戚傳》所載，衛皇后字子夫，出生低微，其父鄭季在平陽侯家工作，與侯家之妾衛媼私通，所生子女均冒衛氏。衛子夫初為平陽公主之歌妓。此時，武帝即位數年而無子。平陽公主於是搜求良家女子十餘人，梳妝打扮留在平陽公主家。有一次，武帝從霸上被禊完後順道探望平陽公主。平陽公主即以所畜養美人呈上，可是武帝並不喜歡。及後歌女獻唱，武帝獨愛衛子夫，由是得幸。武帝非常高興，賞賜平陽公主金千斤。平陽公主因而送衛子夫進宮，並曰：「行矣！強飯勉之。即貴，願無相忘！」（卷九十七上，頁 3949）多吃飯保重身體當然重要，但對平陽公主而言，假設衛子夫他日顯貴而不忘昔日恩情才更重要。衛子夫進宮以後一度受到冷落，後重新得到武帝恩寵，並誕下長子劉據，衛氏一家亦因而得到重用。元朔元年（前 128），武帝立衛子夫為皇后，劉據並於元狩元年（前 122）立為太子。平陽長公主為弟

弟奉獻皇后，並得繼漢嗣，功德無量。

　　除了衛皇后以外，平陽長公主還為武帝獻上李夫人。《史記》雖然有載李夫人，不過事跡較為簡略，《漢書》所載較為詳細。元鼎六年（前 111），漢滅南越，李延年因性善好音而武帝見之。至於武帝與李夫人首次見面，全仗平陽長公主之牽引。《漢書‧外戚傳》云：

> 初，夫人兄延年性知音，善歌舞，武帝愛之。每為新聲變曲，聞者莫不感動。延年侍上起舞，歌曰：「北方有佳人，絕世而獨立，一顧傾人城，再顧傾人國。寧不知傾城與傾國，佳人難再得！」上嘆息曰：「善！世豈有此人乎？」平陽主因言延年有女弟，上乃召見之，實妙麗善舞。由是得幸，生一男，是為昌邑哀王。（卷九十七上，頁 3951）

　　李延年是知音善舞之人，武帝十分喜愛。李延年之表演，聽者莫不感動。有一次，李延年在武帝面前載歌載舞，歌詞之中提及北方有一傾城傾國之美人，武帝嘆息，未知世上有否此人。此時，在武帝身旁之平陽長公主便說李延年有個妹妹，武帝召見之，確實妙麗善舞。李夫人自此得到武帝寵愛，更誕下昌邑哀王劉髆。大抵平陽長公主與李延年早有預謀，為漢武帝獻上美女。平陽長公主此舉亦確保自己可在武帝朝擁有一定的權力。李夫人為武帝一生最愛，後李夫人早夭，武帝悲傷不已，此不贅述。

　　平陽長公主自己的兩段婚姻更值得我們關注。如前文所言，平陽長公主本稱陽信公主，後因嫁予平陽侯曹壽，因稱平陽長公主。

二人有一子曹襄。曹壽又名時，《史記‧曹相國世家》云：「時尚平陽公主，生子襄。時病癘，歸國。立二十三年卒，謚夷侯。子襄代侯。襄尚衛長公主，生子宗。立十六年卒，謚為共侯。子宗代侯。」（卷五十四，頁 2031）平陽侯曹壽病癘，[1] 於元光四年（前 131）逝世。子曹襄繼平陽侯位。曹襄娶衛長公主（又稱當利公主，漢武帝與衛皇后女兒）為妻，此詳下文討論。元鼎三年（前 114），曹襄逝世。《史記‧樊酈滕灌列傳》謂平陽長公主在曹壽逝世以後，便嘗改嫁予汝陰侯夏侯頗。其云：「子侯頗尚平陽公主。立十九歲，元鼎二年，坐與父御婢姦罪，自殺，國除。」（卷九十五，頁 2667）此說未必可信。據《漢書‧外戚傳》所載，衛青於元朔五年（前 124）為大將軍。《漢書‧外戚傳》云：「青為大司馬大將軍。衛氏支屬侯者五人。青還，尚平陽主。」（卷九十七上，頁 3950）然則平陽長公主嫁予衛青當在元朔五年，即衛青獲封為大將軍不久之後。當時平陽長公主似乎不太清楚衛青已尊貴無比，如衛青已當上大將軍一段時間後便顯得不太合理。因此，平陽長公主不可能有嫁予汝陰侯夏侯頗之事。王先謙《漢書補注》云：

> 據〈衛青傳〉，平陽侯曹壽尚武帝姊陽信長公主，後壽有惡疾，就國。上詔青尚平陽主。參之〈功臣表〉，曹壽即曹時也。其子襄以元光五年嗣侯。是曹時卒於元光四年，後七年當

1　癘之為病，向有二解，一為惡瘡之疾，二為瘟疫。觀其於患病後返回封國，則似為惡瘡之疾。此因瘟疫易於傳染，如不幸患之，自不可能容易離開所居地，以免瘟疫擴散。

元朔五年，青為大將軍而尚平陽主，卒後與主合葬，不容更有夏侯頗尚平陽主之事，且表云「元光三年，頗嗣侯，十八年，元鼎二年，坐尚公主與父御姦，自殺」。是元鼎初，公主尚為頗所尚，其時平陽主適衞青久矣，足證頗所尚者，必非平陽主也。況平陽主外家非孫姓，尤明此「平陽」二字有誤。[1]

據王先謙所言，曹壽卒於元光四年（前131），平陽長公主於元朔五年（前124）嫁予衞青。如此，則元鼎二年（前115）實不可能復嫁夏侯頗，因此，《史記・樊酈滕灌列傳》所謂「平陽」公主者，「平陽」二字實誤。王說是也。

平陽侯曹壽卒後，平陽長公主嫁予衞青。楊樹達《漢代婚喪禮俗考》指出漢時，「夫死，婦往往改嫁」。[2] 彭衞、楊振紅《中國風俗通史・秦漢卷》指出「丈夫亡故後女子改嫁他人在秦漢時期十分常見，涉及社會諸階層」。[3] 平陽長公主便是一例。承前文所說，平陽長公主寡居，《史記・外戚世家》褚少孫補：

> 是時平陽主寡居，當用列侯尚主。主與左右議長安中列侯可為夫者，皆言大將軍可。主笑曰：「此出吾家，常使令騎從我出入耳，奈何用為夫乎？」左右侍御者曰：「今大將軍姊

1　王先謙：《漢書補注》，卷四十一，頁3449。
2　楊樹達：《漢代婚喪禮俗考》（上海：上海古籍出版社，2000年），頁34。
3　彭衞、楊振紅《中國風俗通史・秦漢卷》（上海：上海文藝出版社，2002年），頁347。

為皇后，三子為侯，富貴振動天下，主何以易之乎？」於是主
乃許之。言之皇后，令白之武帝，乃詔衛將軍尚平陽公主焉。
（卷四十九，頁 1983）[1]

　　此見衛青尚配平陽長公主之過程。當時大抵因平陽長公主寡
居，故欲以列侯尚主。在此事之中，平陽長公主擁有絕對權力，觀
其能「與左右議長安中列侯可為夫者」便可知。選擇誰為夫婿，全
仗平陽長公主個人之決定。大將軍衛青雖然尊貴無比，可是原出平
陽侯曹壽家，份屬下人。左右的人向平陽長公主力陳，指出如今衛
青之富貴振動天下，無庸作他選。因此，平陽長公主便向衛皇后述
説己意，皇后又據此轉告武帝，姐弟情深，武帝大抵亦不忘其姊推
薦衛子夫與李夫人之功，因此下詔讓衛青迎娶平陽長公主。至於衛
青的個人意願如何，便不得而知了，但要知此段婚姻乃出漢武帝之
下詔。所謂詔書，民間俗稱「聖旨」，皇帝的詔令，自是不可抗逆，
面對平陽長公主，衛青也只能欣然接受。
　　平陽長公主死後，與衛青合葬。《漢書‧衛青霍去病傳》云：
「與主合葬，起冢象廬山云。」（卷五十五，頁 2490）平陽長公主卒
年不詳，而衛青於武帝元封五年（前 106）去世，二人合葬，衛青冢
像廬山。茂陵是漢武帝之陵墓，在今西安市西北四十公里興平市東
北五陵原上。衛青墓則是漢武帝之陪葬墓，在茂陵東側一公里處。
冢像廬山，乃表彰衛青馳騁陰山腳下、收復河套地區之功。漢代的

1　案：《史記》此文出自褚少孫補，及後班固撰《漢書‧衛青霍去病傳》，亦有採錄此
　　文，但不及褚補詳細，故上但錄褚文。

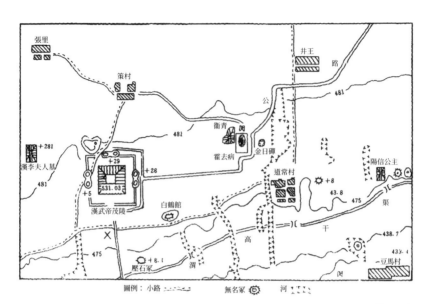

漢武帝茂陵建築平面示意圖[1]

合葬是不同墓的，據〈漢武帝茂陵考古調查、勘探簡報〉所載，平陽公主的墓冢（附圖作「陽信公主」）在衛青的盧山冢東側處 1300 米，當地人稱「羊頭冢」。[2]

1　陝西省地方志編纂委員會：《茂陵志》（西安：三秦出版社，1997 年），頁 49。

2　參自陝西省考古研究院、咸陽市文物考古研究所、茂陵博物館：〈漢武帝茂陵考古調查、勘探簡報〉，載《文物與考古》第 2 期（2011 年），頁 3-13。

今衛青墓前石碑為清乾隆年間畢沅重立，上書「漢大將軍大司馬長平侯衛公青墓」。至於平陽侯曹壽，葬在何處，史無明文。曹壽為第四代平陽侯，其曾祖曹參為高祖開國功臣，陪葬長陵。長陵之陪葬墓區，綿延七公里。此等開國元勳、朝廷重臣，以及后妃等人之陪葬墓，尚存六十三座，其中包括蕭何、曹參、周勃、周亞夫、王陵、張耳、紀信等。平陽長公主作為武帝親姊，死後陪葬，本無可疑；衛青乃武帝開疆功臣，亦理當陪葬，以顯武帝一朝之武功。平陽長公主權傾一時，衛青與之合葬實在合情合理，令人遺憾的是平陽侯曹壽，無緣守護在平陽長公主的身旁，不禁教人感到唏噓！

蘇武牧羊與吃鼠

10

蘇武牧羊的故事，相信是我們耳熟能詳的；至於在某飲食 APP 找到了蘇武牧羊火鍋店，好像蘇武可以大碗酒大塊肉的享受火鍋，則是尋找蘇武材料的意外收穫。

《漢書》是我國古代第一部紀傳體斷代史，蘇武的故事記載在《漢書·蘇武傳》，篇裏載錄蘇武事蹟固然是重點，但其實同時也記載了衛律和李陵的故事。蘇武出使匈奴十九年，單于屢次招降，蘇武皆以死相迫，並不退縮，即使「節旄盡落」（卷五十四，頁 2463），卻仍堅持氣節。班固處處比對衛律、李陵等人，更見蘇武過人之處。衛律，漢朝長水胡人，受李延年推薦，被派遣出使匈奴。歸還時正逢李延年因罪被捕，怕被牽連而投奔匈奴，受到單于信任，被封為丁零王。單于使衛律審理虞常與張勝謀事，軟硬兼施，欲令蘇武投降。及後又以自己投降匈奴後「擁眾數萬，馬畜彌山」（卷五十四，頁 2462），以利説武降。最後，蘇武痛罵衛律，以為其人「不顧恩義，畔主背親，為降虜於蠻夷」；而衛律終知蘇武「不可脅」（卷五十四，頁 2462）。

又李陵於天漢二年（前 99）將步卒五千人伐匈奴，因無人營

救而全軍覆沒，遭匈奴生擒。及後「漢聞李少卿教匈奴為兵」（卷五十四，頁2457），此李少卿實李緒，亦字少卿，與李陵同，武帝不曉，遂使人「族陵家，母弟妻子皆伏誅」（卷五十四，頁2457）。至天漢三年，李陵遂真降匈奴，單于「以女妻之，立為右校王」（卷五十四，頁2457）。蘇武滯留匈奴之時，李陵嘗多番探訪勸降。蘇武卻曉以大義，以為「武父子亡功德，皆為陛下所成就，位列將，爵通侯，兄弟親近，常願肝腦塗地。今得殺身自效，雖蒙斧鉞湯鑊，誠甘樂之。臣事君，猶子事父也，子為父死亡所恨」（卷五十四，頁2464），堅決拒絕投降。二人雖同在匈奴，但際遇有異，李陵已被夷族，蘇武則不然。是以對比李陵、蘇武，更可見後者不降之氣節。

凌稚隆《漢書評林》云：「傳武數百言，總只敘不辱君命一節，中間插入衛律、李陵等事，則借以形其節云。」（卷五十四，頁15眉批）凌稚隆以為整篇《漢書‧蘇武傳》數百字，要點是「不辱君命」，此中加插了衛律、李陵之事，為的只是與蘇武的「不辱君命」形成對比，更見蘇武的氣節。凌氏又云：「李廣之英風，蘇武之峻節，千百世之下讀其傳，猶能使人寒心而銷骨。」（卷五十四，頁15眉批）在前文亦有述及的李廣，與本篇所論的蘇武在《漢書》同屬一篇，凌稚隆指出李廣的英姿颯颯，蘇武的高尚節操，即使在千百年後覽之，仍可使讀者蕩氣迴腸。楊樹達《漢書釋例》指出《漢書》有十種特別的撰寫體例，其中排名首位的是較量例。[1] 所謂較量

1　楊樹達〈漢書釋例〉所言《漢書》十種特別的撰寫體例，包括較量例、附記例、互文相足例、微詞例、記始例、自注例、終言例、一人再見例、闕文例、說明用作意例。楊氏此文原載《燕京學報》第2期，1928年6月；後載錄於楊樹達《積微居小學金石論叢》。

例，是指比較優劣高下。一篇之中，面對外敵，三人抉擇各異，高下如何，正是一場不言而喻的較量。

除了跟自甘降敵的衛律，以及被迫投降的李陵作對比以外，蘇武故事還有其他值得探討之處。蘇武以其漢使者的身份，滯落匈奴十九年之久，多次面臨生死關頭，蘇武寧死不屈，堅決拒降，屢次感動單于，「單于壯其節」（卷五十四，頁2461）、「單于愈益欲降之」（卷五十四，頁2462）。蘇武的寧死不屈，不是說說便算，是有實際行動的，而且不止是一次。《漢書‧蘇武傳》詳載之如下：

> 單于使衛律治其事。張勝聞之，恐前語發，以狀語武。武曰：「事如此，此必及我。見犯乃死，重負國。」欲自殺，勝、惠共止之。虞常果引張勝。單于怒，召諸貴人議，欲殺漢使者。左伊秩訾曰：「即謀單于，何以復加？宜皆降之。」單于使衛律召武受辭，武謂惠等：「屈節辱命，雖生，何面目以歸漢！」引佩刀自刺。衛律驚，自抱持武，馳召醫。鑿地為坎，置熅火，覆武其上，蹈其背以出血。武氣絕，半日復息。惠等哭，輿歸營。單于壯其節，朝夕遣人候問武，而收繫張勝。（卷五十四，頁2461）

當時，漢使團出使匈奴，適逢虞常欲在匈奴內部謀反作亂，而蘇武的副手張勝與虞常本相熟，故單于派遣衛律審理此事。張勝得知虞常作亂事敗的消息後，恐怕從前與虞常密謀之語被泄露，於是便將情況告訴給蘇武。蘇武聽後，以為事已至此，而自己作為漢使團的正使，事情必定會牽連到自己；在受了侮辱之後才尋死，便更

有負國家所託。話音剛落，蘇武便要自殺，張勝、常惠一起把他勸住，這是蘇武的第一次尋死。後來，虞常果然供出了張勝。單于大怒，召集匈奴貴族商議，意欲殺死漢使者。匈奴的左伊秩訾王（匈奴王的封號）以為不如讓漢使者悉數投降，較諸殺掉所有人為佳。因此，單于便派遣衛律召來蘇武審問。蘇武對漢使團裏的常惠等人表示，如果自己的節操和國家的使命受到屈辱，即使不死，還有甚麼顏面回去漢朝？於是，蘇武便拔出佩刀自殺。這是蘇武的第二次尋死。如斯震撼的場景，衛律看了，也大吃一驚，親自抱住蘇武，快騎往找醫生。醫生在地上鑿了一個坑，放進熅火，使蘇武伏臥在火坑上，用手叩擊蘇武的背部而使淤血從傷口中流出。這種醫治方法，今天看來或許不可思議，但在二千多年前的匈奴所在地區，用上這種熱熏法救治蘇武，乃是蘇武得以保命的主因。受了重創的蘇武昏迷了一段時間，良久才甦醒。常惠等人哭着把他擡回營帳。單于十分敬佩蘇武的氣節，派人早晚問候；另一方面則拘捕了張勝。

還有第三次的自尋短見。當時蘇武已遭匈奴人流放至北海，這個地方有說是有「西伯利亞藍眼睛」之稱的貝加爾湖，也有說是蒙古大戈壁。有一次，匈奴單于派遣早已投降的李陵到北海去將蘇武招降。李陵與蘇武二人在漢時已經認識，因此，李陵跟蘇武見面之時，即力陳不得歸漢之苦，同時也表明自己一直不欲投降，可惜人生苦短，理當只考慮自己，不必考慮別人。李陵甚至以為「子卿不欲降，何以過陵」，即自己不欲投降匈奴之心，更勝蘇武。李陵多次勸籲蘇武投降匈奴，但蘇武一再拒絕，最後的回應更甚為激烈：「自分已死久矣！王必欲降武，請畢今日之驩，效死於前！」蘇武

表明自己早是已死的人，如果李陵一定要繼續招降，就請結束當日的歡宴，讓自己死在李陵面前！這是蘇武再一次的尋死！李陵看見蘇武對漢朝有着無比的忠誠，只能仰天長嘆，以為蘇武乃是真正的義士！反之，自己和衞律甘願投降匈奴，實在是罪大滔天！最後，李陵淚如雨下，沾濕衣襟，與蘇武告別而離去。

　　人的生命最為寶貴，生命也只有一次，但讀畢《漢書‧蘇武傳》，我們會感受到蘇武對漢室忠心耿耿，超越死生。後世為人臣者讀之，皆為如此的忠心而感動。但我們也要謹記，生命只有一次，胡亂犧牲並不值得。這就等同孟子雖然有説「捨生取義」，但同樣也強調「可以死，可以無死，死，傷勇」，[1] 即在仍有選擇的情況下而隨便選擇了死亡，那是過於勇敢，並不值得，孟子並不鼓吹。如果蘇武早已犧牲了，今天我們也看不到他的氣節，唯有堅持而沒有過早犧牲，蘇武的人生抉擇才為我們所津津樂道。

　　十九年的匈奴生活，蘇武並不好過，尤其是在物資極度匱乏的情況下。蘇武的這些日子，還有些事情值得注意。本文起首即提及的蘇武牧羊也是蘇武迫不得已下所做的。蘇武的身份是漢使團的正使，負責出使匈奴。那麼，他為何要牧羊呢？《漢書‧蘇武傳》載云：

　　　　律知武終不可脅，白單于。單于愈益欲降之，乃幽武置
　　　大窖中，絕不飲食。天雨雪，武臥齧雪與旃毛并咽之，數日

1　《孟子注疏》，載《十三經注疏（整理本）》（北京：北京大學出版社，2000 年），卷八下，頁 269。

不死，匈奴以為神，乃徙武北海上無人處，使牧羝，羝乳乃得歸。別其官屬常惠等，各置他所。（卷五十四，頁 2462-2463）

衛律受匈奴單于之命，迫使蘇武投降。但蘇武寧死不屈，衛律也知道最終不能威脅蘇武投降，就把情況匯報給單于。愈不能得到的，便愈想得到；蘇武不願投降，單于便愈想得到蘇武。於是，便將蘇武囚禁在大窖裏，而且斷絕供應飲食。天降雨雪，蘇武便啃咬雪團與氈毛，才得以數日而沒有餓死。匈奴人知道了蘇武的事跡後，便奉他為神人，復將蘇武遷徙至北海渺無人煙的地方，讓他放牧公羊，直到公羊產乳誕子，才允許蘇武回來。另一方面，單于又將蘇武與常惠等下屬分開，分別安置在不同的地方，以防止他們互相通訊。

旃毛（氈毛）指的是獸毛，吃動物的毛髮何以不會餓死，難以言詮。其實，蘇武得以存活乃因喝了冰雪融化了的水，是否吃了獸毛並不重要。過去不少人也說人不吃尚可以生存一星期，不喝則不能超過三天。但現代科學家研究資料顯示，在完全斷水的情況下，人類尚可存活 12-15 天。當然，《漢書》這裏的重點不是蘇武存活了多少天，而是蘇武命不該絕，當時剛巧下着雨雪，這樣才有足夠的水份可以讓蘇武維持着喝水。

蘇武的艱難生活日復一日，喝些雪水是小事，最大難度在於要使公羊（羝）產奶。有任何常識的人，都會知道雌性哺乳類動物才產奶，雄性並不產奶。那麼，蘇武要怎樣才能離開冰天雪地的北海呢？匈奴人提出了這樣的條件，是否代表蘇武只能永遠滯留在北海，不得回去呢？只要抱持着希望，奇蹟總會出現。《漢書‧蘇武

傳》沒有記載這個公羊產奶的奇蹟有否出現過，但在現今的各地新聞報道裏，在北京、石家莊、日本兵庫縣等地，皆曾出現過公羊產奶的故事。更有意見認為，如果在公羊的飼料裏包括了一些雌性激素，公羊便有可能產奶了。蘇武羊群裏的公羊有沒有吃多了含有天然雌激素的食物，我們不得而知，但蘇武後來還是能夠離開北海，回到長安。蘇武於漢武帝天漢二年（前99年）出使匈奴，到了昭帝始元六年（前81年）終於返回。

　　古代文獻從出現流傳至今，歷經不同的鈔寫、刻印，時代久遠，今人讀之，有許多地方未必完全明白。《漢書・蘇武傳》便有這樣的一個例子，《漢書》這樣載錄：「既至海上，廩食不至，掘野鼠去中實而食之。」（卷五十四，頁 2463）此言蘇武被流放到北海以後，匈奴不供給他糧食，他只好挖掘野鼠所貯藏的草籽充饑。唐代顏師古《漢書注》引蘇林曰：「取鼠所去草實而食之。」張晏曰：「取鼠及草實并而食之。」師古曰：「蘇說是也。中，古草字。去謂藏之也，音丘呂反。」顏師古援引二注，其中蘇林以為蘇武吃了野鼠所貯藏的草籽，而張晏則以為蘇武乃是吃了野鼠和草籽。顏師古以為蘇林所言為是。究竟蘇武是借助野鼠之力故得草籽而食，還是野鼠和草籽並食之呢？據研究所得，鼠肉含有大量營養物質，主要為蛋白質（57.2%）、脂肪（5.9%）、鈣（1.0%）、磷（0.6%）等。如果蘇武單純只吃草籽，能否維持體力，或存疑問。但吃鼠肉的話，因其極為豐富的蛋白質，方可提供每天能量所需。明代凌稚隆《漢書評林》援引劉攽云：「今北方野鼠之類甚多，皆可食也。武掘野鼠，得即食之，其草實，乃頓去藏耳。」（卷五十四，頁 18A 眉批）劉攽是北宋人，他指出北方的野鼠種類甚多，皆可食用，蘇武掘野

鼠而食之，至於草乃是野鼠用以藏匿之處，蘇武並不吃草。

　　蘇武的尋死、牧羊、吃鼠，不過是《漢書‧蘇武傳》裏的小故事而已。蘇武拿着漢使杖節，「臥起操持，節旄盡落」（卷五十四，頁 2463），出使十九年而回長安，是後世能夠堅持節操者的典範。

拳夫人騙案？

11

漢武帝的愛情故事，滿載奇情，《漢書‧外戚傳》記述了漢武帝的四位妃嬪，分別是陳皇后、衛皇后、李夫人、鉤弋倢伃。李景星《四史評議》云：「〈外戚傳〉亦分上下二卷，名為外戚傳，實則后妃傳也。傳中紀后妃出身行事及得寵見廢之由，至外戚之事，則附見焉耳。大致從《史記‧外戚世家》來，接入後事以續成之。傳序前半用《史記》原文，揭出『命』字，為以下各傳之根；後半敍後宮爵位，則有漢一代之制度也。」[1] 李氏提出「命」字作為一篇綱領，所言甚是。班固〈外戚傳序〉云：「甚哉妃匹之愛，君不能得之臣，父不能得之子，況卑下乎！既驩合矣，或不能成子姓，成子姓矣，而不能要其終，豈非命也哉！」（卷九十七上，頁 3933）點出「命」字，以為后妃得寵，興廢存亡，皆由命之所致，別無他由。

　　漢武帝在位時間接近五十四年，妃嬪自不只有四位，只是這四位分別在不同階段得到皇后之封號。這裏要看的是鉤弋倢伃。鉤弋

───────────
1　李景星：《四史評議》（長沙：嶽麓書社，1986 年），頁 256。

趙倢伃為漢昭帝生母,其之所幸亦由命所致。《漢書‧外戚傳》記敘鉤弋夫人家在河間,武帝嘗巡狩至此地,「望氣者言此有奇女」,故武帝急使人求之。及見鉤弋夫人,其兩手皆拳,惟武帝方能披之。武帝因望氣者而得見鉤弋夫人,則其進亦由命所致。且看〈外戚傳〉的詳細記載:

> 孝武鉤弋趙倢伃,昭帝母也,家在河間。武帝巡狩過河間,望氣者言此有奇女,天子亟使使召之。既至,女兩手皆拳,上自披之,手即時伸。由是得幸,號曰拳夫人。先是其父坐法宮刑,為中黃門,死長安,葬雍門。(卷九十七上,頁 3956)

鉤弋倢伃又號拳夫人,何以有如此特別的稱號呢?這裏要從漢武帝與鉤弋倢伃邂逅的故事說起。漢武帝是一個愛好新奇的人,如此的性格,似乎也就代表他也喜歡有着如此特色的女子。河間在今河北省,這裏是趙倢伃的家鄉。在漢武帝巡狩到這裏的時候,望氣者便說這個地方有一位奇女子,然後漢武帝派人尋找,果得之,原來就是一位拳頭打不開的美女。望氣是一種古代的占候方法。望氣者由觀望雲氣(雲彩、光暈、光環、華、虹霓等光學現象)而知道人事吉凶的徵兆。這位望氣者是否真的如此神通廣大,還是拳夫人早就與他合謀,我們不得而知。神奇的事情在漢武帝身上發生了,誰都打不開這位拳夫人的拳頭,在漢武帝親自處理之下,居然便打開了,拳夫人的雙手都可以伸直了。這不是奇蹟,可以說是神蹟!

漢武帝一生雄才偉略，《漢書・武帝紀》贊曰：「漢承百王之弊，高祖撥亂反正，文景務在養民，至于稽古禮文之事，猶多闕焉。孝武初立，卓然罷黜百家，表章《六經》，遂疇咨海內，舉其俊茂，與之立功。興太學，修郊祀，改正朔，定曆數，協音律，作詩樂。建封禪，禮百神，紹周後，號令文章，煥然可述。後嗣得遵洪業，而有三代之風。如武帝之雄材大略，不改文景之恭儉以濟斯民，雖《詩》《書》所稱何有加焉！」（卷六，頁 212）這裏是《漢書》總評漢武帝，班固指出漢朝始建於群雄逐鹿的動亂時期，及至漢高祖撥亂反正，文帝、景帝則以休養生息為要務，對於文治事業還缺乏建樹。至漢武帝在位之初，罷黜百家，獨尊儒術，訪求眾人，舉薦賢才，予以建功立業之機遇。興辦太學，修建祭祀廟祠，改正月為一年的第一個月，訂定曆法，協調音律，作詩賦樂曲，建造祭天禪臺，祭祀百神，繼承周朝傳統，號令制度，光采值得稱述。繼承祖先洪

業，而有夏商周三代帝王之風範。以漢武帝如此的雄才大略，如不改變文、景時恭儉以救助百姓的政策，就是《詩》、《書》上所讚美的制度也是不能超過他的。在基調上，《漢書》是稱讚漢武帝的，這在同時代人寫同代歷史來說是正常不過的。「雄材大略」是正面的，但這段贊文也有「不改文、景之恭儉以濟斯民」的批評與慨嘆。試取《史記‧孝武本紀》的「太史公曰」作比較，便可見《漢書》改寫了對漢武帝的評價，並由此可知《漢書》的苦心孤詣矣。

雄材大略的漢武帝，或許已經是騙案的受害者。手握拳頭的女子，自己不能伸展，旁人也不能協助其伸展，偏偏只有巡狩至河間的漢武帝才有如此能力，「上自披之，手即時伸」，實在神奇！而且，漢武帝就是有着愛奇的性格，平凡女子大抵不一定得到也的青睞，但當看見自己有能力打開這位拳頭緊握的女子，漢武帝也是心中暗喜，於是便將這位奇女子召入宮，並因其原本拳頭不能伸展的「特點」，因而命名為「拳夫人」，更由此而得到寵幸。

奇蹟在人生可能只有一次，但這並不適用在拳夫人身上。她的一生，可謂充滿奇蹟。因為愛奇，拳夫人在進宮後大受漢武帝寵愛，很快便懷有身孕。所謂「十月懷胎」，女子懷孕週期一般約為四十週（大約 280 天），而拳夫人的懷孕期也是充實奇情，居然達十四個月。這是下文另篇討論，此不贅述。

鉤弋倢伃之死，教人悲痛萬分！《漢書‧外戚傳》的記載十分簡單：「鉤弋倢伃從幸甘泉，有過見譴，以憂死，因葬雲陽。後上疾病，乃立鉤弋子為皇太子。」（卷九十七上，頁 3957）此文之上，尚有「以其年稚母少，恐女主顓恣亂國家，猶與久之」（卷九十七上，頁 3956）。此可見鉤弋倢伃跟隨漢武帝去甘泉宮，只因犯了一

點小錯，便受到武帝責備，結果憂懼而死，並埋葬在雲陽。此後，武帝病重之際，就冊立鉤弋子（漢武帝與鉤弋倢伃所生的兒子）為皇太子。至於鉤弋子年幼而鉤弋倢伃年輕，武帝害怕女主干政之事或再次出現，所以猶與良久，未能立下決心立鉤弋子為太子。凌稚隆《漢書評林》引明人茅坤曰：「不如《史記》原文甚悉可為悲涕。」（卷九十七，頁 17B 眉批）以此批評《漢書·外戚傳》這裏的描寫。事實上，《漢書》此舉，大抵出於尊漢而為尊者諱之筆法。不過，「年稺母少，恐女主顓恣亂國家」二句，已經是微言側筆的敘寫，預示了鉤弋倢伃的下場。《史記·外戚世家》褚先生補曰：

> 上居甘泉宮，召畫工圖畫周公負成王也。於是左右羣臣知武帝意欲立少子也。後數日，帝譴責鉤弋夫人。夫人脫簪珥叩頭。帝曰：「引持去，送掖庭獄！」夫人還顧，帝曰：「趣行，女不得活！」夫人死雲陽宮。時暴風揚塵，百姓感傷。使者夜持棺往葬之，封識其處。（卷四十九，頁 1985-1986）

這時候，漢武帝住在甘泉宮，召喚畫工繪畫了一幅周公背負成王的圖畫。大臣們十分聰明，很快便猜測到漢武帝的心意，乃是想要立小兒子（鉤弋子）為太子。巫蠱之禍使漢武帝的原太子劉據在征和二年（前 91 年）自殺身亡，此事發生的時候，鉤弋子約三歲。及後果然立了鉤弋子為太子。過了幾天，武帝借故譴責鉤弋倢伃。夫人摘下髮簪和耳飾叩頭請罪。武帝不由分說，便使人將鉤弋倢伃拉走，送到掖庭獄！此時，鉤弋倢伃回過頭來看，希望武帝能夠饒她一命，可是武帝卻讓鉤弋倢伃快走，認為她不能活下去。後來，

鉤弋倢伃死在雲陽宮。死的時候暴風刮得塵土飛揚,百姓也都十分悲傷。晚上,使者拉着棺材將鉤弋倢伃埋葬,並在埋葬的地方做了標誌。

> 其後帝閒居,問左右曰:「人言云何?」左右對曰:「人言且立其子,何去其母乎?」帝曰:「然。是非兒曹愚人所知也。往古國家所以亂也,由主少母壯也。女主獨居驕蹇,淫亂自恣,莫能禁也。女不聞呂后邪?」故諸為武帝生子者,無男女,其母無不譴死,豈可謂非賢聖哉!昭然遠見,為後世計慮,固非淺聞愚儒之所及也。諡為「武」,豈虛哉!(卷四十九,頁1986)

究竟鉤弋倢伃犯了甚麼過錯,而非死不可呢?武帝閒時向身邊的人查詢輿論對於因故處死鉤弋倢伃的看法。武帝身邊的大臣都很老實,便指出大家都很不解,既然要立鉤弋倢伃的兒子當太子,為甚麼反而要除掉鉤弋倢伃呢?武帝以為此非小孩子和愚人所能理解的。自古以來,國家如出亂事,便是由於君主年少,而其母正值壯年。女子獨居,驕橫傲慢,淫亂放縱,無人能夠禁止。呂后便是這樣的例子。接着是褚補的評論,以為所有為武帝生過孩子的女子,全都被譴責處死,能夠規避女主專權,難道能說這就不是聖賢了嗎?如此明確而有遠見,深思熟慮,不是那些見聞淺陋的陋儒所能達到的。漢武帝的諡號是「武」,並非浪得虛名!漢武帝可以被騙,可以打開鉤弋倢伃那「兩手皆拳」的雙手,但要狠心之時,也是非同凡響的!

漢武帝的心狠手辣，在這件立子殺母的事情裏可以看得一清二楚。《漢書‧外戚傳》有記載鉤弋倢伃「有過見譴，以憂死」，也有記載「後上疾病，乃立鉤弋子為皇太子」（卷九十七上，頁 3957），但卻沒有採用《史記‧外戚世家》褚補上引鉅細無遺的一段文字。《漢書》襲取《史記》，自是有所篩選，鉤弋倢伃死而太子立，乃是事實，不可改易。但過程是否確如《史記》褚補所言，卻大有疑問。我們且看《漢書‧昭帝紀》的說法：「武帝末，戾太子敗，燕王旦、廣陵王胥行驕嫚，後元二年二月上疾病，遂立昭帝為太子，年八歲。以侍中奉車都尉霍光為大司馬大將軍，受遺詔輔少主。明日，武帝崩。」（卷七，頁 217）在武帝晚年的時候，戾太子劉據因巫蠱之禍而自殺，其他已經成年的兒子，如燕王旦、廣陵王胥等為人傲慢，到了後元二年（前 87 年），武帝急病，才冊立鉤弋子劉弗陵為太子，當時太子只有八歲。武帝委任霍光為大司馬大將軍，受命輔佐少主，翌日，武帝駕崩。據《漢書‧昭帝紀》所載，漢武帝在立太子後根本無法跟大臣說出《史記》褚補那一大段「主少母壯」之話。因此，《漢書》未有採用此說，也未必全為尊者諱，或許《漢書》根本不相信褚少孫所言。

鉤弋倢伃的生命滿載奇事，想不到死後依然神奇！《漢書‧外戚傳》所載較為簡單：「昭帝即位，追尊鉤弋倢伃為皇太后，發卒二萬人起雲陵，邑三千戶。」（卷九十七上，頁 3957）這時鉤弋倢伃已死，但因兒子即位為帝，故便追封母親為皇太后，而且派遣二萬名士卒建造雲陵，設置三千戶人家守陵。觀乎《漢書‧外戚傳》所載其他皇后、外戚，死後基本上只會置邑二三百戶，昭帝置邑三千戶守着生母鉤弋皇太后，可謂克盡孝道矣。鉤弋倢伃的奇蹟沒有記

載在《漢書·外戚傳》，但在題為劉向所撰《列仙傳》，以及晉代干寶《搜神記》，皆可見鉤弋倢伃的身影。在《列仙傳·鉤翼夫人》的故事裏，記載鉤弋倢伃遭「武帝害之，殯屍不冷，而香一月間。後昭帝即位，更葬之，棺內但有絲履」，此言鉤弋倢伃遇害致死，但屍體一直尚存溫度，沒有變成冰冷，且不但沒有屍臭，反而有着淡淡的幽香。後來昭帝繼位，欲將鉤弋倢伃葬往他處，打開棺木，卻發現屍體不見了，只餘下以絲織品製成的鞋。屍體居然不見了，實在震驚！[1] 人死後，如果等待身體自然腐化，變為白骨，視乎氣候環境，需時三星期至三十年。但鉤弋倢伃的棺木裏似乎是只餘下絲履，唯一的解釋是她已經離開了棺木，這實是怪力亂神之事，唯《列仙傳》、《搜神記》此等典籍詳加記載，另一方面，《漢書》乃我國古代第一部紀傳體斷代史，所選用史料自是較為可信者方得入文，此亦正史的獨特之處。

1　詳參王叔岷：《列仙傳校箋》（北京：中華書局，2007 年），卷下，頁 106。又案：鉤弋倢伃之事，見載於《列仙傳·鉤翼夫人》和《搜神記》卷一。《列仙傳》所載已見上文，此不贅述。《搜神記》所載如下：「初，鉤弋夫人有罪，以譴死，殯屍不臰而香。及昭帝即位，改葬之，棺空無屍，獨絲履存焉。」（干寶：《新輯搜神記》，北京：中華書局，2007 年，頁 37。）此言漢武帝指責鉤弋夫人有罪，下聖旨賜死。但在鉤弋夫人出殯之時，屍體卻沒有臭味，反而發出香氣。在漢昭帝繼位後，改葬生母（鉤弋夫人），卻發現棺材裏是空的，並沒有屍體，只有絲製的鞋子尚且存在。

壮大多知的小朋友

——12——

壯大多知的為甚麼是小朋友？小朋友為甚麼會壯大多知？兩者似有矛盾，卻又不必然。「壯大」是指生長得健壯和高大；「多知」所指的是知識豐富，明白很多。顯然，「壯大多知」的小朋友十分罕見。「壯大多知」乃是《漢書》對漢昭帝的描寫：

　　　　拳夫人進為倢伃，居鉤弋宮，大有寵，（元）〔太〕始三年生昭帝，號鉤弋子。任身十四月乃生，上曰：「聞昔堯十四月而生，今鉤弋亦然。」乃命其所生門曰堯母門。後衛太子敗，而燕王旦、廣陵王胥多過失，寵姬王夫人男齊懷王、李夫人男昌邑哀王皆蚤薨，鉤弋子年五六歲，壯大多知，上常言「類我」，又感其生與眾異，甚奇愛之，心欲立焉，以其年穉母少，恐女主顓恣亂國家，猶與久之。（卷九十七上，頁 3956）

　　此乃資訊量很高的一段文字。部分在前文「拳夫人騙案」已經討論過的，這裏便不再重覆。鉤弋倢伃在懷孕十四個月才誕下昭帝，這是一點也不尋常的。在中國古代的典籍裏，有時候為了表現

帝王世家的與別不同，每多在出生與成長的過程裏加插許多神祕的面紗。例如在《史記》述及商、周兩代始祖的〈殷本紀〉、〈周本紀〉裏，殷的契乃因其母吞玄鳥蛋而感生，而周的棄（后稷）乃因其母踐大人跡而感生。[1] 凡此種種，皆見帝王出生的不平凡，與平民老百姓大異。同理，在《史記・高祖本紀》與《漢書・高帝紀》，我們也可見漢高祖劉邦是何等的非同凡響，這在〈劉邦頭上的雲氣〉已經提及到，這裏也不再重覆。昭帝在母親懷孕十四個月後才出生，如在今天看來，便當稱作「過期妊娠」。事實上，在醫學水平遠較古代發達的今天，超過 42 週才產下的嬰兒，便稱之為「過熟兒」；昭帝則是在 56 週後才出生的，不單過熟，完全是熟透了！廖伯源〈漢武帝朝末期之政治局勢及昭帝繼承之問題〉以為「昭帝出生之神異故事，乃是人為造作以宣示昭帝乃真命天子」，[2] 這樣的說法也有一定的可能，有着此等神異故事加持，帝位自非昭帝莫屬。

「十四月而生」，在漢武帝眼中等同是帝堯事跡的復刻，生子若此，夫復何求！到了五六歲時，尚未成為太子的昭帝已經「壯大多

---

1 有關商、周始祖的感生故事，並非《史記》始創，《詩經》乃是司馬遷之所本。司馬遷嘗言「夫學者載籍極博，猶考信於六藝」（卷六十一，頁 2121），典籍即使再多，所載事情可堪任信的唯有六經。因此，即使在今天看來極度荒謬的感生故事，司馬遷因有《詩經》可據，故即以此為商、周始祖來源的根本。如《詩・商頌・玄鳥》謂「天命玄鳥，降而生商，宅殷土芒芒」（《毛詩正義》，載《十三經注疏（整理本）》，卷二十，頁 1700）云云，述及商祖契的誕生；如《詩・大雅・生民》提及「誕寘之隘巷，牛羊腓字之。誕寘之平林，會伐平林。誕寘之寒冰，鳥覆翼之。鳥乃去矣，后稷呱矣」（《毛詩正義》，載《十三經注疏（整理本）》，卷十七，頁 1251），即司馬遷寫后稷之所本。

2 廖伯源：〈漢武帝朝末期之政治局勢及昭帝繼承之問題〉，載《新亞學報》第三十卷（2012 年 5 月），頁 50。

知」了，這裏的「壯大」究竟如何理解？五六歲的稚童如何「壯大」，確實如同謎團！不斷在母親體內吸收營養，昭帝在出生之時大抵已是巨嬰，在今日醫學看來，巨嬰症的患者在新生兒和兒童時期的風險，包括了其血糖水平比起正常高、易有肥胖症，以及屬於代謝症候群等。「壯大」的昭帝，或許正是一名巨嬰，更是巨嬰症的患者。到了二十歲的時候，據《漢書·外戚傳》的記載，「昭帝始冠，長八尺二寸」，以漢尺計算，大抵即今天的 1.89 米。接近 1.9 米的身高，在今天的中國人來說也算是高個人，或許未算太過特別。但細心一想，在整部《漢書》裏有十二篇本紀，記載了十二位皇帝，也只有昭帝能夠有此榮幸，可以載錄其身高。顯而易見，如果昭帝的身高不是異於常人的話，具而載之的意義便不甚明確了！因此，昭帝有着過人的身高，當無疑問。

五六歲而「壯大多知」的漢昭帝，父親漢武帝見之而心裏十分高興，便說兒子「類我」。究竟是「壯大」與父皇相類，抑或是「多知」與父皇相類，還是二者皆與父皇相類呢？《漢書》裏沒有明言。據《西京雜記》所載：「漢帝送死皆珠襦玉匣。匣形如鎧甲，連以金縷。武帝匣上皆鏤為蛟龍、鸞鳳、龜麟之象，世謂為蛟龍玉匣。」[1] 漢武帝的身材比較高大，就茂陵金縷玉衣所見，比起其他的金縷玉衣更寬大，長達 1.88 米，使用了玉片 2498 枚。無獨有偶，昭帝在成年後身高亦達 1.89 米，可說是為了小時候的「壯大」而「類我」下了最佳的註腳。

昭帝在八歲繼位，在位十三年，至元平元年（前 74 年）駕崩，

1　葛洪：《西京雜記》，卷一，頁 40。

死時只有 21 歲。西漢共有十二位皇帝 (按照《漢書》「紀」的篇數)，劉邦死時 61 歲或 52 歲，惠帝死時 22 歲或 23 歲，呂后死時年齡不明，文帝死時 46 歲，景帝死時 47 歲，武帝死時 69 歲，宣帝死時 43 歲，元帝死時 42 歲，成帝死時 44 歲，哀帝死時 25 歲，平帝死時 14 歲。此中惠帝在母親毒殺趙王如意後，據《漢書・外戚傳》的記載，乃是「以此日飲為淫樂，不聽政，七年而崩」(卷九十七上，頁 3938)。因此，惠帝早逝，乃因母后的兇殘而致鬱鬱寡歡，悄然離世。哀帝亦屬早逝之君，據《漢書・哀帝紀》所載，其人「即位痿痺，末年寖劇，饗國不永」(卷十一，頁 345)，可見漢哀帝在即位後身體痿痺，難以使力，晚年加劇，不能長久治國而早崩。漢平帝時，大權旁落，王莽手執治國權柄，據《漢書・外戚傳》載，「時未滿歲，有眚病」(卷九十七下，頁 4006)，此言漢平帝未滿一歲之時，已有眚病。甚麼是眚病呢？許慎《說文解字・目部》云：「眚，目病生翳也。從目生聲。」[1] 在甲骨文、金文裏，「眚」字從「中」從「目」，表示眼睛長出東西，防礙視力，本義是目疾，引申為過失。《漢書》古注的看法與眼疾之說不盡相同，唐代顏師古遍引孟康、服虔、蘇林之注釋，三人注「眚」字亦不盡相同。孟康曰：「災眚之眚，謂妖病也。」孟康以為「眚」為妖病。服虔曰：「身盡青也。」服氏以為「眚」即出世時全身青色。蘇林曰：「名為肝厥，發時脣口手足十指甲皆青。」蘇林注與服氏注稍近，大抵以為「眚」是由肝氣厥逆而上衝的病症，病發時嘴唇、手指甲、腳指甲皆發青。顏師古比較三注，以為《漢書》下文言太后禱祠解舍，則孟康以眚為

1　《說文解字》，四上，頁 6A。

妖病之説為是（卷九十七下，頁 4006）。其實，在漢平帝死後，詔
書嘗謂平帝「每疾一發，氣輒上逆，害於言語，故不及有遺詔」（卷
十二，頁 360），在每次發病之時，氣往上湧，不能言語，故來不及
有遺詔。這裏的「氣輒上逆，害於言語」，正與前文蘇林注相合，則
蘇林所言，或即漢平帝所以早逝之因由。

　　昭帝死時只有 21 歲，與「即位痿痺」的哀帝、「有眚病」的平
帝皆不同，昭帝似乎一直身體健康而無恙。《漢書・昭帝紀》元平
元年（前 74 年）載云：「夏四月癸未，帝崩于未央宮。」（卷七，頁
232）荀悦《漢紀》亦言「夏四月癸未，帝崩於未央宮」，[1] 與《漢書》所
載相同。後世有許多小説、影視作品等，創作了許多有關漢昭帝駕
崩的原因，其實皆無正史的依據。翻遍整部《漢書》，皆不見漢昭
帝之死有任何非自然的成份。大抵鉤弋倢伃懷孕十四月而生昭帝，
且其在稚童之時又身形「壯大」，反而是隱藏其健康狀況未必是上
佳的證據。

　　漢昭帝即位之時年僅八歲，武帝臨終前嘗賜霍光「周公負成王
圖」，意即謂霍光當如周公輔成王般輔佐昭帝。在四位受武帝遺詔
的輔政大臣之中，霍光居首，為大司馬大將軍；次為金日磾，為車
騎將軍；次為上官桀，為左將軍；次為桑弘羊，為御史大夫。四人
之中，《漢書・霍光傳》直言「政事壹決於光」、「初輔幼主，政自己
出」（卷六十八，頁 2932、2933），可見霍光位極人臣。辛德勇《海
昏侯劉賀》云：「霍光等五人當中，漢武帝原本早已確定，要以霍光

1　荀悦：《前漢紀》（北京：中華書局，2002 年），卷十六，頁 285。

作為『首輔』。」[1] 辛氏言是。霍光長女嫁予上官桀子（上官安），後誕一女，為昭帝皇后。霍光、上官桀既成外戚，又爭權。元鳳元年（前 80 年）九月，上官桀與燕王旦等謀反，欲迎燕王為天子，東窗事發，霍光盡誅上官桀父子、桑弘羊等人，四位輔政大臣之中除其二，且金日磾早於始元元年（前 86 年）已病逝，政事大小只能取決於霍光矣。昭帝繼位時年僅 8 歲，霍光等人在輔政之餘其實可以獨攬大權。事實上，昭帝元鳳四年（前 77 年）春正月丁亥「帝加元服，見于高廟」（卷七，頁 229），即昭帝在 18 歲行冠禮之時，霍光理應卸下輔政之任，讓昭帝親政。可是，一直到昭帝 21 歲駕崩時，親政之事從沒出現。

雖然貴為九五之尊，但漢昭帝一生一直受權臣操縱，包括了一段政治婚姻。始元四年（前 83 年）春三月甲寅，當時十二歲的漢昭帝，「立皇后上官氏」（卷七，頁 221）。上文提及昭帝皇后乃上官桀子（上官安）與霍光長女之女兒，而這時候昭帝皇后上官氏大抵只有五至六歲。可見昭帝不單是在政權上受制於幾位輔政大臣，就算是愛情婚姻，也是牢牢地被霍光等人所操控。霍光等人的如意算盤，當是他日昭帝駕崩，繼位之君乃是霍氏外孫所生，則自己的權勢便可得維持，甚至更為尊貴。可惜的是，昭帝在 21 歲便駕崩了，而上官皇后也只有 15 歲，根本沒有多少機會為漢室留下血脈，權臣們的大計便都落空了。

除了「壯多」，還有「多知」，《漢書・昭帝紀》「贊曰」這樣評價昭帝的管治：

---

[1] 辛德勇：《海昏侯劉賀》（北京：生活・讀書・新知三聯書店，2016 年），頁 91。

昔周成以孺子繼統，而有管、蔡四國流言之變。孝昭幼年即位，亦有燕、蓋、上官逆亂之謀。成王不疑周公，孝昭委任霍光，各因其時以成名，大矣哉！承孝武奢侈餘敝師旅之後，海內虛耗，戶口減半，光知時務之要，輕徭薄賦，與民休息。至始元、元鳳之間，匈奴和親，百姓充實。舉賢良文學，問民所疾苦，議鹽鐵而罷榷酤，尊號曰「昭」，不亦宜乎！（卷七，頁 223）

此言昔日周成王在幼年之時繼承大統，而有管、蔡四國流言，誣蔑攝政輔幼主的周公。同理，武帝駕崩後，昭帝亦在幼年繼承帝位，復有燕王旦、鄂邑蓋長公主、上官桀父子謀逆，詆毀攝政輔幼主的霍光。成王不疑周公，昭帝繼續對霍光委以重任，他們各乘時勢，名聲得以顯赫於世，十分偉大！昭帝繼位之時，承接著武帝好大喜功、窮兵黷武之後，致使國內經濟蕭條，戶口人數減少一半。這是昭帝面對的困局，漢朝看來已經是由盛轉衰了。在文景之治後累積下來的財富，幾乎已給漢武帝耗盡了。究竟如何扭轉劣勢，乃是當時漢室的第一等要務。漢武帝為昭帝留下了四位輔政大臣，霍光乃是其一。諸位大臣裏，唯有霍光最了解當務之急，輕徭薄賦，與民休息。到了昭帝始元、元鳳年間，外與匈奴和親，內使百姓充實，使四海為安。同時，推舉賢良文學，慰問民間疾苦，罷除鹽鐵酒類專賣，不與民爭利，死後謚號為「昭」，實為恰當之舉。《漢書評林》引用秦觀的說法點評昭帝功過：「秦皇、漢武皆以蓋世之氣，闔闢宇宙之材，并吞諸侯，攘邦胡粵。若以功概言之，則始皇之英偉傑特，又非武帝之可比也。然而萬世之下，號始皇為暴主，稱武

帝為賢君，秦祚遽傾，漢基益大者，何哉？二世不變始皇之事，孝昭能改武帝之法故也。」（卷七，頁 10A-B 眉批）秦觀的看法，頗能抓住秦始皇與漢武帝的異同；而且，秦之所以速亡，然而漢朝能夠有昭宣中興，確實也是建基於秦二世與漢昭帝在治國政策上的分別。

　　昭帝繼位之初只是小孩，沒有能力也沒有可能對抗霍光，因此只能選擇聽從幾位輔政大臣所言。幸好，壯大多知的漢昭帝，明白讓有能力的人治國才是使國家興盛的原素，也為開創「昭宣中興」埋下了萌芽的種子。《漢書》有「紀」十二篇，自〈昭帝紀〉以下者皆屬《漢書》獨創，非承襲自《史記》。《史記》不為惠帝立本紀，以其時呂后獨攬大權之故；《漢書》則不然，並見〈惠帝紀〉與〈高后紀〉，反映其正統觀。惠帝死後有少帝，昭帝死後有昌邑王劉賀繼位，《漢書》皆不為二人立紀，同樣建基於尊崇漢德的正統觀。昭帝在位十三年，大權雖不在昭帝手上，但《漢書》予以許多正面評價，「壯大多知」的昭帝因而成為了後世眼中的明君，霍光輔政也成為了君臣關係的美談。

13

高效率的昏君

每日做一件壞事也嫌多，如果有人每日做了四十件壞事，那不單止是個壞人，而且是一個超高效率的壞人，昌邑王劉賀便是這樣的一個人。《漢書・霍光傳》有着如此的記載：

　　　　受璽以來二十七日，使者旁午，持節詔諸官署徵發，凡千一百二十七事。（卷六十八，頁 2944）

　　漢昭帝死後，因無子嗣，霍光等大臣擁立昌邑王劉賀繼承天子之位。可惜的是，劉賀在位二十七天後被廢，期間使者往來不絕，拿着符節向各個官署下達詔令徵索物品，共有一千一百二十七次。平均每天超過四十次。這樣一個貪得無厭的君主，確是廢之而後快。不過，我們要思考的是，昏君會否有着如此的高效率？這樣的高效率，究竟是真是假，實在值得我們重新審視。

　　元平元年 (前 74) 四月，漢昭帝駕崩，在位 13 年，年僅 21 歲。上官皇后一直無所出，故昭帝並無子嗣可以繼位。原為外戚，獨攬大權的霍光原應不再能以外戚身份輔政。另一方面，霍光亦需要從

劉氏成員之中選取一人繼承皇位。漢武帝共有六名兒子，包括戾太子劉據、齊懷王劉閎、燕王旦、廣陵王劉胥、昌邑王劉髆，以及昭帝劉弗陵。劉據（前128-前91）早於巫蠱之禍時已死；劉閎薨於武帝元封元年（前110）；燕王旦在昭帝元鳳元年（前80）謀反事敗後自殺；廣陵王劉胥當時在世，其人力能扛鼎，手格猛獸，然行事無法度，漢武帝從無視之為皇位繼承人。《漢書·霍光傳》云：

> 元平元年，昭帝崩，亡嗣。武帝六男獨有廣陵王胥在，羣臣議所立，咸持廣陵王。王本以行失道，先帝所不用。光內不自安。（卷六十八，頁2937）

廣陵王劉胥於武帝元狩六年（前117）冊立為王，至昭帝崩時，肯定是一個超過40歲有決斷能力的成年人，況且還是立為諸侯王多年，既有黨羽，亦有一定勢力。如果霍光一心弄權的話，似乎立廣陵王劉胥為帝並不適合，難怪乎霍光「內不自安」。武帝六子年紀最小的是劉髆。劉髆乃武帝愛妃李夫人所生，自必深受武帝喜愛，可是劉髆薨於武帝後元元年（前88），[1] 謚為「哀」，後稱昌邑哀

1　昌邑王劉髆生年史無明載。李夫人於元鼎六年（前111）初見漢武帝，卒於太初元年至四年之間。據《漢書·外戚傳》載，「及夫人卒，上以后禮葬焉。其後，上以夫人兄李廣利為貳師將軍，封海西侯，延年為協律都尉。」（卷九十七上，頁3952）考之李廣利任貳師將軍，以及李延年為協律都尉，其年份不得晚於太初四年（前101），則李夫人之卒當在此以前。又，〈外戚傳〉載「上乃召見之，實妙麗善舞。由是得幸，生一男，是為昌邑哀王。」（頁3951）可知劉髆出生當在李夫人入宮不久以後。劉髆於天漢四年（前97）立為昌邑王，十一年後薨，在武帝後元元年（前88）。年紀約二十餘歲，故謚為「哀」。辛德勇云：「老昌邑王劉髆出生的年代，只能在漢武帝元鼎六年以後，這是他出生時間的上限。」（辛德勇：《海昏侯劉賀》〔北京：生活·讀書·新知三聯書店，2016年〕，頁8。）辛氏所言是也。

王，自不可能繼承帝位。霍光畢竟是目光銳利的人，很快便將目光轉移至劉髆之子，當時未及 20 歲的昌邑王劉賀身上。《漢書・霍光傳》云：

> 郎有上書言「周太王廢太伯立王季，文王舍伯邑考立武王，唯在所宜，雖廢長立少可也。廣陵王不可以承宗廟。」言合光意。（卷六十八，頁 2937）

不可立廣陵王胥為帝，已見上文；這裏有郎官上言，援引周代祖先不立太伯而立王季，周文王不立伯邑考而立武王姬發，皆以誰人合適為尚，而不必只立長子。因此，當時宗親雖然以廣陵王年紀最長，實不必拘泥之。不立長而立少，正合霍光心意，於是乃奉皇太后（即孝昭上官皇后，霍光之外孫女）詔，迎立昌邑王劉賀為帝。比較廣陵王胥與昌邑王賀，前者使霍光「內不自安」，後者則是「言合光意」，顯而易見，立誰人為帝本出霍光決定，跟皇太后、其他大臣皆無重大關係。

其實，據《漢書》的鋪敘，劉賀並無繼承大統的氣質。且先回看其到長安奔喪並即位之情景。《漢書・劉賀傳》云：

> 其日中，賀發，晡時至定陶，行百三十五里，侍從者馬死相望於道。郎中令龔遂諫王，令還郎謁者五十餘人。賀到濟陽，求長鳴雞，道買積竹杖。過弘農，使大奴善以衣車載女子。至湖，使者以讓相安樂。安樂告遂，遂入問賀，賀曰：「無有。」遂曰：「即無有，何愛一善以毀行義！請收屬吏，以湔洒大王。」即捽善，屬衛士長行法。（卷六十三，頁 2764）

在收到皇太后的詔書後，劉賀在第二天中午立即從昌邑出發，前往長安奔喪並繼位，當天傍晚已到達定陶（今定陶縣城西北五里，居於古濟水岸邊）。昌邑與定陶相距一百三十五里，即約六十八公里。《漢書》謂「侍從者馬死相望於道」，以為劉賀部隊移動過急。其實，馬匹一般跑步時速約 20 公里，可持續跑 100 公里的距離，如果正午 12 時從昌邑出發，在下午三至五時抵達定陶，馬匹一小時能跑 20 公里，不消四小時已可抵達，實屬正常範圍之內，並不能代表劉賀不體恤吏民。龔遂為昌邑郎中令，規勸劉賀不要那麼多隨從，使馬匹的消耗可減，劉賀亦從善如流，讓郎官、謁者等五十多人回轉昌邑。後劉賀抵濟陽，無度荒唐的行為屢見，先是尋求鳴叫能夠拉長的雞，在路上又買了幾根竹子合拼一起的手杖。路過弘農，則指派大奴善搶劫婦女藏於衣車裏。到達湖縣，漢室所派使者便斥責昌邑相安樂。安樂告訴龔遂，龔遂往問劉賀，劉賀一概否認。龔遂便將大奴善交予衛士長法辦。《漢書・劉賀傳》續云：

> 賀到霸上，大鴻臚郊迎，騎奉乘輿車。王使僕壽成御，郎中令遂參乘。旦至廣明東都門，遂曰：「禮，奔喪望見國都哭。此長安東郭門也。」賀曰：「我嗌痛，不能哭。」至城門，遂復言，賀曰：「城門與郭門等耳。」且至未央宮東闕，遂曰：「昌邑帳在是闕外馳道北，未至帳所，有南北行道，馬足未至數步，大王宜下車，鄉闕西面伏，哭盡哀止。」王曰：「諾。」到，哭如儀。（卷六十三，頁 2765）

不知過了多少時間，劉賀部隊終於抵達霸上（今陝西西安市東

白鹿原北首）。大鴻臚到長安郊外迎接，宮中騎士侍奉劉賀坐上御用小車。劉賀讓僕人壽成為御，郎中令龔遂居右陪乘。第二天早上，至廣明的長安東門，龔遂以為遵照禮儀，奔喪者望見國都，應當痛哭致哀。可是，劉賀卻以咽喉疼痛為由，直言哭不出來。及至長安內城門，龔遂再次提醒劉賀應當痛哭。但劉賀以為無論內外城門，只要還未入宮，仍不用痛哭。終至未央宮東門，龔遂謂昌邑王的帷帳設於宮門外馳道之北，未至帷帳，有條南北行道，馬匹走幾步便到，着劉賀到時應該下車，向西對着門樓跪下，並放聲痛哭致哀。劉賀以之為然，及至，即按照禮儀哭了一番。就此而論，劉賀仍然聽從龔遂所言，而不至於剛愎自用、眾叛親離。

昌邑王劉賀終接過皇帝的印璽，承襲了皇帝的尊號。在位二十七天，而無度之事多不勝數。霍光與其他大臣商議後，稟告孝昭皇后，廢除劉賀，送回昌邑故地，賜其湯沐邑二千戶，原屬昌邑王之財物全數歸還。昌邑哀王劉髆的四個女兒亦各賜湯沐邑一千戶。昌邑王原封國廢除，改為山陽郡。

除了那一千一百二十七次的向各個官署下達詔令徵索物品，以及行為淫亂以外，劉賀所在之處亦是災異連年，在《漢書‧五行志》、〈劉賀傳〉俱有詳載，此不贅論。災異連年，自是表明劉賀缺德，不適合當天子。漢人篤信災異，以為上天示警，行惡者當因災異而改其德，否則只會招致更大禍患。其實不單是龔遂，向劉賀進諫者大不乏人。王式便是其一。龔遂、王吉、王式都是劉賀身邊的賢德大臣，可輔弼股肱，殆無可疑。可是，如果君主荒淫無度便可得廢，中國古代帝王要被廢的自不在少數。李慈銘以為霍光「廢昌邑之私心見矣。夫昌邑雖非賢，亦無大惡跡，何至併從官而誅之

也」。[1] 李説誠是。劉賀的德行如何，在昌邑國時的所作所為，霍光不可能不知道。霍光是深明漢武帝的人，也是能夠「緣上雅意」（卷九十七上，頁 3951）的，劉賀是武帝與愛妃李夫人的孫兒，霍光等立其為帝非常合理。然而，劉賀已經 20 歲，生長在諸侯國中，早已權傾一方，亦有其一己之心腹大臣。如前篇所言，漢昭帝繼位時年僅 8 歲，霍光等人在輔政之餘其實可以獨攬大權。事實上，昭帝元鳳四年（前 77）春正月丁亥「帝加元服，見于高廟」（卷七，頁 229），即昭帝在 18 歲行冠禮之時，霍光理應卸下輔政之任，讓昭帝親政。可是，一直到昭帝 21 歲駕崩時，親政之事從沒出現。反之，劉賀是 20 歲的年青人，即使初到長安，亦可立刻親政，不用霍光輔政。無法弄權，加上昌邑舊臣甚眾，直接導致霍光建議廢掉劉賀的天子之位。

登位 27 天的一千一百二十七次向各個官署下達詔令徵索物品，以及行為淫亂，加上各種災異，是真是假，今天都不可知。歷史留給我們的，除了《漢書》諸篇的記載以外，還有 2016 年正式公佈的江西南昌海昏侯墓。考古的成果，讓我們重見昌邑王劉賀被廢後，至宣帝時期再貶為海昏侯，並「就國豫章」（卷六十三，頁 2769）的情況。王子今〈海昏侯故事與豫章接納的移民〉詳述海昏侯國的經濟發展，加之以在出土報告所見劉賀墓葬的規模，[2] 實

1　李慈銘：《越縵堂讀書記》（北京：中華書局，2006 年第 2 版），頁 158-159。

2　詳參江西省文物考古研究所、南昌市博物館、南昌市新建區博物館：〈南昌市西漢海昏侯墓〉，載《文物》第 7 期（2016 年），頁 45-62。江西省文物考古研究所、首都博物館（編）：《五色炫曜 —— 南昌漢代海昏侯國考古成果》（南昌：江西人民出版社，2016 年）。

在讓人反思劉賀之廢，究竟是荒淫無道，還是地方諸侯不敵中央舊臣的政治抗爭的結果。歷史是勝利者的紀錄，要廢掉一國之君並不簡單，劉賀是否有能力在 27 天裏向各個官署下達詔令徵索物品一千一百二十七次並不重要，昌邑舊臣有否盡力教導劉賀亦不重要。重要的是，輔政大臣以為劉賀不好控制，而自己難以獨攬大權，似乎更為貼近真相。劉賀的被廢，乃是西漢中期政治鬥爭下的犧牲品，二千年後的漢墓發掘，讓這件沉寂已久的皇室事件再次映入了我們的眼簾。

劉賀墓發掘之青銅雁魚燈
（江西省博物館）

霍氏家族殺人事件

14

能夠成為皇后，一點也不簡單。皇帝後宮三千，皇后則是皇帝所有妻妾之首、內宮之長，負責管理皇族與貴族女性，更是全國婦女的儀表。可是，卻有這樣的一位皇后，出身民間，與皇帝同甘共苦，誕下兒子，好不容易立為皇后，卻遭人毒害而死。這便是漢宣帝許皇后的生平縮影。

漢宣帝劉詢出生不久，遭逢巫蠱之禍，祖父劉據、祖母史良娣、父親劉進、母親王夫人俱遇害。宣帝當時雖在襁褓，仍收繫監獄。幸得丙吉照料，方得全，並被送至祖母史良娣家。後有詔掖庭養視，劉詢方得重入宮中，並得張賀「奉養甚謹」（卷八，頁 236），以及娶許廣漢女為妻。昌邑王劉賀被廢以後，霍光奏議立劉詢為宣帝，《漢書·宣帝紀》云：

> 禮，人道親親故尊祖，尊祖故敬宗。大宗毋嗣，擇支子孫賢者為嗣。孝武皇帝曾孫病已，有詔掖庭養視，至今年十八，師受《詩》、《論語》、《孝經》，操行節儉，慈仁愛人，可以嗣孝昭皇帝後，奉承祖宗，子萬姓。（卷八，頁 238）

此言因昭帝無嗣，故於劉氏子孫擇其賢者為天子。其中劉詢當時十八歲，學習《詩》、《論語》、《孝經》等儒家經典，且其「操行節儉，慈仁愛人」，因此可以嗣昭帝之後。宣帝劉詢登位後，跟昭帝不同，宣帝已冠，可親政，霍光亦不便攬權，於是「大將軍光稽首歸政，上謙讓委任焉。論定策功，益封大將軍光萬七千戶」（卷八，頁 239）。霍光假裝歸還政權予宣帝，可宣帝是歷經苦難的人，自然明白這不過是霍光的一臺戲，且自己剛即帝位，沒有多少親信，只能配合霍光，不但不收回政權，更益封霍光一萬七千戶。就這樣，雖然是立了一個成年的君主，但這次霍光的「緣上雅意」（卷九十七上，頁 3951），為武帝誤殺戾太子（宣帝之祖父）作了終極的彌補，仍可以繼續專權，操國之大柄。

宣帝登位後，一直尊重霍光，假如沒有霍光，宣帝不過是一個養在掖庭的皇曾孫，寂寂無聞。不過，在《漢書》之中，只須以一事便知霍光的狼子野心，那便是著名的附子毒殺宣帝許皇后事件。霍光欲控制宣帝，不獨是宣帝本人，甚至是其後嗣。因此，在宣帝即位以後，霍光便將自己的女兒嫁給宣帝。此舉也較昔日將外孫女嫁給昭帝更進一步，畢竟女兒比起外孫女更為親匿，這便是霍光的野心。《漢書．外戚傳》云：

> 廣漢重令為介，遂與曾孫，一歲生元帝。數月，曾孫立為帝，平君為倢伃。是時，霍將軍有小女，與皇太后有親。公卿議更立皇后，皆心儀霍將軍女，亦未有言。上乃詔求微時故劍，大臣知指，白立許倢伃為皇后。既立，霍光以后父廣漢刑人不宜君國，歲餘乃封為昌成君。（卷九十七上，頁 3965）

宣帝尚在民間之時，已與許廣漢女平君成婚，並且誕下元帝。霍光權傾朝野，希望能使女兒為皇后。在議立皇后時，宣帝沒有明言立平君為后，可是「詔求微時故劍」，群臣便知宣帝心意，皆言許平君當為后。霍光一心操控宣帝，當然不滿，遂言許廣漢乃刑餘之人，不可為侯。於是，許平君得以立為皇后，而霍光一族，則在部署更歹毒的計劃。凌稚隆云：「公卿心儀，則霍氏謀立后可知。曰大臣知指，則宣帝不得明言之情已見。且既立矣，而光猶謂后父不宜君國，至歲餘而始封為君。噫！此豈宣帝心哉！史氏謂霍氏禍萌驂乘，予獨以為立后一節，霍氏禍根也。他日弑后之事，光雖不前知，亦焉得辭其罪哉？」（卷九十七，頁 24A-B 眉批）凌氏在這裏點出了前引《漢書》文字的背後用意，公卿「皆心儀霍將軍女」，是知霍氏一家早有謀劃讓女兒為后的打算；至於「大臣知指」，已見宣帝為霍光位高權重所迫，不得明言欲立許平君為皇后；後云「霍光以后父廣漢刑人不宜君國，歲餘乃封為昌成君」，可見許廣漢不獲封國，其實亦出霍光心意，並非宣帝主張。凌稚隆以為霍氏欲立女兒成君為后一事，已經是霍氏權勢過大的呈現；及至日後霍光夫人設計殺害許皇后之時，霍光事前雖或不知，但亦難辭其咎。

至宣帝本始三年（前 71），霍家的機會終於來了。許平君懷孕產子，霍光夫人顯與女醫淳于衍等合謀在平君坐月子時，設計殺人。《漢書‧外戚傳》云：

> 顯曰：「婦人免乳大故，十死一生。今皇后當免身，可因投毒藥去也，成君即得為皇后矣。如蒙力事成，富貴與少夫共之。」衍曰：「藥雜治，當先嘗，安可？」顯曰：「在少夫為之

耳。將軍領天下，誰敢言者？緩急相護，但恐少夫無意耳！」
衍良久曰：「願盡力。」即擣附子，齎入長定宮。皇后免身後，
衍取附子并合大醫大丸以飲皇后。有頃曰：「我頭岑岑也，藥
中得無有毒？」對曰：「無有。」遂加煩懣，崩。（卷九十七上，
頁3966）

　　淳于衍的丈夫原為掖庭戶衛，希望透過幫助霍光一族，從而
得到安池監的工作。霍光夫人得知，遂以字條機密告知淳于衍，欲
借平君產子之際，將其毒殺。如此，霍光女兒成君便可登上皇后之
位。淳于衍未有立刻答應，畢竟殺后乃是大事。且供皇后飲用的藥
物，從抓藥、配藥、煮藥、餵藥的整個過程，必定歷經數人，未必
能夠輕易施以毒手。霍光夫人的回答，更可見滿朝上下，唯霍光是
從。霍顯指出，只要淳于衍有心參與，自有其他人加以配合，以毒
殺皇后，即使他日東窗事發，亦必有人加以袒護。淳于衍稍加考慮
便答應了。淳于衍以附子混入大醫大丸給剛分娩的許皇后服用，許

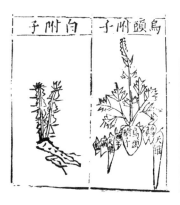

附子（《本草綱目草部毒
草》，明萬曆二十四年金
陵胡承龍刻本）

后立即頭暈目眩，旋即駕崩。炒熟了的附子有強身健體之效，但是生附子卻有劇毒，服用後足以致命，顯然許后所服用的是後者。[1]在這次殺人事件裏，霍光是否知情，千古存疑。但許后崩後，霍光肯定是知道的。如果趙盾弒晉靈公也可以說成「趙盾弒其君」的話，[2] 霍光無疑也就是殺害許后的真正兇手。《漢書‧外戚傳》云：

> 顯恐急，即以狀具語光，因曰：「既失計為之，無令吏急衍！」光驚鄂，默然不應。其後奏上，署衍勿論。（卷九十七上，頁 3966）

　　許后之死，宣帝不可能不徹查，霍顯焦急不已，生怕淳于衍會道出孰為幕後黑手，便立刻向霍光求助。《漢書》狀寫了霍光的神情，乃是「驚鄂」，似乎對毒殺許皇后之事毫不知情。但細心一想，殺許后不過是為了女兒霍成君可登后位而鋪路，霍光不可能不知情。況且，霍光沒有舉報淳于衍，反而是上奏宣帝，排除淳于衍參與殺害許皇后的可能，已是罪大惡極。

1　「附子」是毛茛科烏頭屬植物烏頭（*Aconitum Carmichaelii*）的子根。根據加工方法不同而分成「鹽附子」、「黑順片」和「白附片」、「炮附子」等。據明代李時珍《本草綱目》記載：「治三陰傷寒，陰毒寒疝，中寒中風，痰厥氣厥，柔痓癲癇，小兒慢驚，風濕麻痹，腫滿腳氣，頭風，腎厥頭痛，暴瀉脫陽，久痢脾泄，寒瘧瘴氣，久病嘔噦，反胃噎膈，癰疽不斂，久漏冷瘡。」（李時珍：《本草綱目》〔臺北：文化圖書公司，1997 年〕，卷十七，草部毒草類，頁 27，總頁 676。）指出了「附子」的特性，以及其所主治的疾病。

2　有關「趙盾弒其君」之事，詳見《左傳‧宣公二年》。考諸其文，殺害晉靈公的乃是趙盾之侄趙穿，但因趙盾當時為晉國正卿，且在逃亡之時尚未離開晉國的國境，回來後又沒有就趙穿弒君而問責，故《春秋》便以「趙盾弒其君」而題之。

在《漢書‧外戚傳》裏，載有漢宣帝的三位皇后，包括了許皇后、霍皇后、王皇后。很多時候，我們會以為能夠當上皇后，必然是能夠以母儀天下，或者是大受寵幸。這在一般情況下是正確的，但在孝宣霍皇后和孝宣王皇后身上則不適用。

霍成君是霍光的小女兒，而宣帝乃因霍光輔佐方能登上帝位，因此，宣帝與霍成君之結合，顯然是一場政治婚姻。據《漢書‧外戚傳》的記載，可見霍氏一直覬覦着宣帝皇后之位。早在宣帝欲立皇后之時，當時公卿大夫已經欲按霍光意願，立霍光小女兒為皇后。然而，宣帝乃是念舊之人，故欲求「微時故劍」，許平君便得立為皇后。後來，霍光夫人顯在毒殺許皇后後，便立刻為女兒成君做出嫁的衣服，準備進宮的用具，勸霍光將女兒送進皇宮，不久之後，成君便被冊立為皇后。

霍成君乃霍光小女兒，而霍光乃當時權臣，位極一時，霍成君要成為皇后並不難，宣帝也不可能對霍光的建議作任何反抗。許皇后是一位成功的皇后，霍皇后欲步踵許皇后，取代許皇后在宣帝心目中的地位。《漢書‧外戚傳》云：

> 初許后起微賤，登至尊日淺，從官車服甚節儉，五日一朝皇太后於長樂宮，親奉案上食，以婦道共養。及霍后立，亦修許后故事。而皇太后親霍后之姊子，故常竦體，敬而禮之。皇后舉駕侍從甚盛，賞賜官屬以千萬計，與許后時縣絕矣。（卷九十七上，頁 3968）

在紀傳體史書裏，人物傳記一般會以順敘方式出之，但也有不少情況會使用插敘之法，以一「初」字領起，然後便述說往事，

並以往事緊扣今事。此言當初許皇后因出身低微，登上皇后之位日子尚淺，故其僕人、車駕、服飾等都十分節儉。而且，許皇后為人孝順，每隔五天便會去長樂宮朝見皇太后（即昭帝上官皇后，霍光之外孫女），更親自捧着食案向太后敬獻食物，克盡媳婦孝道。及至霍成君登上皇后之位，也仿效許皇后時的舊例。然而，皇太后乃是霍成君姐姐的女兒，即外甥女，在霍家的輩份低於霍成君，因此反而常常謹慎小心，對霍成君十分尊敬。霍皇后的車馬侍從氣派非常，賞賜手下動輒便是千萬錢，真的是財大氣粗，與許皇后的時候有着天壤之別。《漢書》敘寫許皇后與霍皇后的手法很特別，寫許皇后時有及於霍光夫人顯毒殺許皇后，為的便是可讓小女成君登上后位；在寫霍皇后，卻又補敘許皇后的往事。凌稚隆《漢書評林》說：「追提許后事，與霍后比並形容，史氏蓋深惜之。」（卷九十七，頁 26A 眉批）這是《漢書》利用補敘敘說史事的筆法。

歹毒的霍光夫人，虛偽的孝宣霍皇后，皆不得善終。宣帝因得霍光之助而繼帝位，滿朝文武百官皆是霍光黨羽，因此，即使大權旁落、愛妃被殺，宣帝皆含而未發。但在霍光死後，霍氏毒殺許皇后之細節漸被揭發，而且兒子霍禹密謀造反，最後霍氏一族全數為漢室所覆滅，毒殺許后事件也至此而落幕。

《漢書·外戚傳》寫的第三位宣帝皇后是王皇后。一般後宮能夠被選為皇后，肯定是萬千寵愛在一身，但王皇后則不然。「自為后後，希見無寵」（卷九十七上，頁 3969），當上了皇后之後，反而是宣帝很少來看她，絕少寵幸。這是為甚麼呢？原來，因為太子（即後來的漢元帝）生母（即許皇后）為霍氏所害，宣帝憐惜自少缺乏母愛，於是在後宮佳麗裏挑選了最為小心謹慎，且又沒有子嗣

的，以封為皇后，並以母后的身份養育太子。為了確保這位皇后一直「無子」，宣帝也只能絕少寵幸。於是，王皇后便因此而登上皇后之位。無寵為后，可謂怪哉！

後宮爭鬥，甚至出現了皇后慘遭毒殺之事，《漢書》皆如實反映。有說《漢書》全書旨在維護漢德，觀此可以免矣。實際上，後世讀史者覽此，爭奪后位，或得或失，不依其道，終至家族滅亡，理當戒慎戒懼。

星光熠熠武宣朝

— 15 —

一個成功的時代，人才肯定是其最寶貴的資源。春秋戰國時間，諸侯國分立，人才輩出，各國也以吸納賢才為目標。《史記·孟子荀卿列傳》便有如此的記載：

> 秦用商君，富國彊兵；楚、魏用吳起，戰勝弱敵；齊威王、宣王用孫子、田忌之徒，而諸侯東面朝齊。（卷七十四，頁 2343）

　　這裏指出秦國重用商鞅，富國強兵；楚國、魏國也都任用過吳起，戰勝了一些弱國；齊威王、宣王舉用孫臏和田忌等人，使諸侯國往東來朝拜齊國。比起春秋戰國時期更早的帝舜、周武王也十分重視人才，《論語·泰伯》云：

> 舜有臣五人而天下治。武王曰：「予有亂臣十人。」孔子曰：「才難，不其然乎？唐、虞之際，於斯為盛。有婦人焉，

九人而已。三分天下有其二，以服事殷。周之德，可謂至德也
已矣。」(8.20)[1]

這段文字引起了不少學者的疑惑，那便是誰能入選舜的五人
大臣團，以及誰是周武王的亂臣十人。亂者，治也，這裏說的「亂
臣」，都是輔佐周武王得天下的治國之臣。宋代邢昺指出舜的五位
大臣，乃是禹、稷、契、皋陶、伯益。至於助周武王得天下的十人，
則是周公旦、召公奭、太公望、畢公、榮公、太顛、閎夭、散宜生、
南宮适，以及文母。功臣十人，十全十美，十分美好！可惜的是，
孔子以為武王盛德，但十人之中功臣只有九人而已，因為這裏有一
位是婦人！這裏的「文母」，便是周文王的夫人，周武王的母親！
她的最大貢獻，自是相夫教子，女主內而使丈夫兒子無後顧之憂。
如此說來，是否涉乎歧視女性，本非此文重點，也就不作深論了。

在以上例子裏，皆可見人才對於朝代的興盛十分重要。「招
賢納士」是古人談吐得宜的說法，現代人嘛，大抵會直言為「搶人
才」。在《漢書》所載的西漢十二皇朝裏，武帝與宣帝朝可謂人才最
為鼎盛的時代。《漢書‧公孫弘卜式兒寬傳》有武帝、宣帝在位時
各類人才的具錄：

> 漢之得人，於茲為盛，儒雅則公孫弘、董仲舒、兒寬，篤
> 行則石建、石慶，質直則汲黯、卜式，推賢則韓安國、鄭當時，

1　《論語注疏》，載《十三經注疏（整理本）》（北京：北京大學出版社，2000 年），卷
　　八，頁 118-119。

定令則趙禹、張湯，文章則司馬遷、相如，滑稽則東方朔、枚皋，應對則嚴助、朱買臣，曆數則唐都、洛下閎，協律則李延年，運籌則桑弘羊，奉使則張騫、蘇武，將率則衛青、霍去病，受遺則霍光、金日磾，其餘不可勝紀。是以興造功業，制度遺文，後世莫及。孝宣承統，纂修洪業，亦講論六藝，招選茂異，而蕭望之、梁丘賀、夏侯勝、韋玄成、嚴彭祖、尹更始以儒術進，劉向、王褒以文章顯，將相則張安世、趙充國、魏相、丙吉、于定國、杜延年，治民則黃霸、王成、龔遂、鄭弘、召信臣、韓延壽、尹翁歸、趙廣漢、嚴延年、張敞之屬，皆有功跡見述於世。參其名臣，亦其次也。（卷五十八，頁 2634）

漢武帝在位五十四年，如取武帝朝與漢高祖劉邦朝的人才數量比較，其實並不公平，畢竟劉邦只是在位十一年而已。此外，《漢書》在武帝以前漢事，幾乎皆本《史記》，而司馬遷是武帝時期人，載錄當時人也是最為豐盛的。這裏可見武帝一朝確實是人才濟濟，不同範疇皆有。儒學文雅、忠厚、質樸、推賢舉士、制定法律、文章、滑稽、應對皇上、協調音律、運籌財政、奉命出使、領兵作戰、受遺詔保幼主。這裏已經列舉了十三個範疇，合共二十七人，而且，《漢書》已表明這是「其餘不可勝紀」的，人才之多，鼎盛非常。

可惜的是，漢武帝在位期間，窮兵黷武，幾乎將文景之治所累積下來的國家資本都花光了。武帝死後，昭帝繼位，漢代處於復元的狀態，宣帝在位初期亦如是。宣帝期間漢室又恢復活力，人才輩出，號為中興。這時期的人才，以儒術晉升的有蕭望之、梁丘賀、

夏侯勝、韋玄成、嚴彭祖、尹更始，文章寫得好的有劉向、王褒，將相有張安世、趙充國、魏相、丙吉、于定國、杜延年，治民有黃霸、王成、龔遂、鄭弘、召信臣、韓延壽、尹翁歸、趙廣漢、嚴延年、張敞。總言之，有四大範疇，合共二十四名人才。

宣帝朝的人才之眾，尚有另外一次的具而名之，那便是「麒麟閣十一功臣」。《漢書・李廣蘇建傳》有如此的記載：

> 甘露三年，單于始入朝。上思股肱之美，乃圖畫其人於麒麟閣，法其形貌，署其官爵姓名。唯霍光不名，曰大司馬大將軍博陸侯姓霍氏，次曰衛將軍富平侯張安世，次曰車騎將軍龍額侯韓增，次曰後將軍營平侯趙充國，次曰丞相高平侯魏相，次曰丞相博陽侯丙吉，次曰御史大夫建平侯杜延年，次曰宗正陽城侯劉德，次曰少府梁丘賀，次曰太子太傅蕭望之，次曰典屬國蘇武。皆有功德，知名當世，是以表而揚之，明著中興輔佐，列於方叔、召虎、仲山甫焉。凡十一人，皆有傳。自丞相黃霸、廷尉于定國、大司農朱邑、京兆尹張敞、右扶風尹翁歸及儒者夏侯勝等，皆以善終，著名宣帝之世，然不得列於名臣之圖，以此知其選矣。（卷五十四，頁 2468-2469）

這事情發生在漢宣帝甘露三年（前 51 年），當時單于開始入塞觀見漢朝天子。這時候，宣帝已經登位二十多年了（宣帝在前 74 年登位），回首前塵往事，許皇后遭毒殺於本始三年（前 71 年），霍光死於地節二年（前 68 年），誅殺霍氏一族在地節四年（前 66 年）。到了甘露三年的此時此刻，宣帝思念那些輔佐自己成此國家中興

的大臣，更命令畫工將十一位名臣的形體相貌畫在麒麟閣上，並注明他們各自的官職、爵位和姓名，只有霍光不注名字，以示尊崇，稱為大司馬大將軍博陸侯霍氏，以下依次則為：衛將軍富平侯張安世，車騎將軍龍額侯韓增，後將軍營平侯趙充國，丞相高平侯魏相，丞相博陽侯丙吉，御史大夫建平侯杜延年，宗正陽城侯劉德，少府梁丘賀，太子太傅蕭望之，典屬國蘇武。十一個輔政大臣，皆功勳卓越品德高尚，為當世所熟知，繪畫名臣圖像，旨在予以表彰，明確說明他們乃是宣帝中興的輔佐之臣，可與輔佐周宣王中興的名臣方叔、召虎、仲山甫等相媲美。麒麟閣十一功臣在《漢書》裏各有傳記，其重要性可見一斑。司馬貞《史記索隱》云：「列傳者，謂敘列人臣事跡，令可傳於後世，故曰列傳。」張守節《史記正義》云：「其人行跡可序列，故云列傳。」（卷六十一，頁 2121）簡言之，列傳所載者乃是各方面的代表人物。麒麟閣十一功臣便是宣帝朝各方面的大臣代表。

麒麟閣十一功臣是否宣帝朝功臣的所有？當然不是。這裏也指出，如黃霸、于定國、朱邑、張敞、尹翁歸、夏侯勝等，同樣是宣帝朝的名臣，卻沒有機會繪畫圖像在麒麟閣裏。因此，能夠成為麒麟閣十一功臣的，乃是功臣中的表表者。

人才輩出，人才固然關鍵，但能夠重用人才的帝王更是重中之重。漢武帝、漢宣帝能夠重用人才，結果締造了兩朝的盛世。招賢納士是古人的說法，今人不得古人之風，只懂空喊「搶人才」云云，也是如出一轍。人才也者，皆是各懷才能，帝王必須有廣闊的胸襟，方能予以重用。回望歷史，文人雅士多有懷才不遇的抱憾。《漢書》的作者班固曾經奏記東平王劉蒼，推薦陝甘地區六位「殊行

漢宣帝（《三才圖會》，清乾隆槐陰草堂刊本）

絕才」之士，[1]包括桓梁、晉馮、李育、郭基、王雍、殷肅等。其實，此等六人固然是當世人才，但班固此舉實際上隱含了自薦之意，希望東平王能多重用自己。可惜的是，東平王雖然接納此奏記，卻未有就提出奏記的班固多加提拔。

　　據《漢書》所載帝紀共有十二篇，武帝與宣帝之間，尚有昭帝在位。後世一般以為武帝在位時為漢武盛世，而宣帝則為西漢中興。漢武帝在前 141 年至前 87 年在位；武帝駕崩後，昭帝以稚齡八歲繼位，前 86 年至前 74 年在位，約 13 年；昭帝在 20 歲時便告駕崩，嗣後宣帝繼位，在前 74 年至前 48 年在位，統治天下 25 年。

1　范曄：《後漢書》（北京：中華書局，1965 年），卷四十上，頁 1332。

其實，從武帝在位，直至宣帝駕崩，長達 94 年，可稱得上是西漢的盛世。《漢書‧宣帝紀》以為宣帝乃是「功光祖宗，業垂後嗣，可謂中興，侔德殷宗、周宣矣」（卷八，頁 275），功勳卓著，光耀列祖，所建大業，可永垂後嗣，乃是西漢中興之君主，其恩德可上與商高宗武丁、周宣王相媲美。[1]《漢書》的評價沒錯，但亦非盡善盡美。麒麟閣十一功臣，以及其他宣帝朝的大臣，不少乃是自武帝朝起即為漢室服務，經歷了昭帝在位的 13 年，例如霍光便是漢武帝的託孤重臣。其他如張安世在武帝朝已是光祿大夫，趙充國任車騎將軍長史，蘇武出使西域而不降等，皆可見宣帝時的人才乃是積累自武帝朝的，可證成「漢之得人，於茲為盛」一語。

我們時常以為好皇帝十分重要，其實，好皇帝的最重要條件必然是懂得用人。懂得用人，有容人之量，國家才有興盛的可能。武帝、宣帝時期的漢朝，正為我們說明了這個情況。

---

[1] 有關武丁中興，據《史記‧殷本紀》記載，「武丁修政行德，天下咸驩，殷道復興。」（卷三，頁 103）指出殷商在武丁的管治下重現昔日盛況。又《晏子春秋‧諫上‧景公將伐宋蓍二丈夫立而怒晏子諫》云：「夫湯、太甲、武丁、祖乙，天下之盛君也。」（吳則虞：《晏子春秋集釋》〔北京：中華書局，1962 年〕，卷一，頁 80。）指出武丁乃是天下的盛君，從另一角度反映了武丁中興。周宣王為西周第十一任天子，在位四十六年。在位期間，宣王征伐玁狁、征伐西戎、東征淮夷、討伐楚國、分封諸侯等，使西周得以復盛，後稱「宣王中興」。據《毛詩序》所言，《詩‧大雅》之〈雲漢〉、〈崧高〉、〈烝民〉、〈韓奕〉、〈江漢〉、〈常武〉等各篇，所言皆為周宣王時期的文治武功。例言之，〈雲漢〉序云：「〈雲漢〉，仍叔美宣王也。宣王承厲王之烈，內有撥亂之志，遇災而懼，側身脩行，欲銷去之。天下喜於王化復行，百姓見憂，故作是詩也。」（《毛詩正義》，載《十三經注疏（整理本）》，卷十八，頁 1401。）其餘各篇《毛序》皆仿此，旨在歌頌宣王中興。

赤丸、黑丸與白丸的殺伐世界 ——16——

人類總希望安居樂業，居住的城市最好是生活環境優美、經濟繁榮發展、空氣清新而綠化充足等，於是世界各地亦有不同類型的最宜居城市排名。例如經濟學人智庫的全球宜居性、英國生活時尚雜誌 *Monocle* 生活品質調查、美世生活質素調查等，我們看到不少首都城市都包括其中。為甚麼要説這些呢？西漢時候的首都長安，是否也是當時漢朝境內最宜居的城市呢？

　　且看《漢書・尹賞傳》的記載：

　　　　永始、元延間，上急於政，貴戚驕恣，紅陽長仲兄弟交通輕俠，臧匿亡命。而北地大豪浩商等報怨，殺義渠長妻子六人，往來長安中。丞相御史遣掾求逐黨與，詔書召捕，久之乃得。長安中姦猾浸多，閭里少年群輩殺吏，受賕報仇，相與探丸為彈，得赤丸者斫武吏，得黑丸者斫文吏，白者主治喪；城中薄暮塵起，剽劫行者，死傷橫道，枹鼓不絕。（卷九十，頁 3673）

在漢成帝年間，西漢逐漸走向衰亡。成帝永始（前 16 年 - 前 13 年）、元延（前 12 年 - 前 9 年）年間，皇帝懈怠朝政，外戚驕橫放肆，紅陽長仲兄弟串通游俠，窩藏了不少亡命之徒。而北地的大豪客浩商等圖報私怨，殺害了義渠長及其妻子兒女共六人，並往來於長安城中。丞相、御史派遣屬吏追尋賊黨，朝廷也下了詔書命令捕捉，但過了很久才能將其捕獲。長安城中盜賊奸民極多，里巷中的遊蕩少年合夥殺害官吏，有的還接受賄賂替人報仇，他們製做了紅、黑、白三色彈丸以供每人摸取，得到紅色彈丸的去殺害武吏，得到黑色彈丸的去殺害文吏，得到白色彈丸的則為遇難的同黨治理喪事；一時間長安城裏烏煙四起，盜賊們路劫行人，大街上死屍擋道，滿城中鼓聲不絕。

如此的末日世界，不是甚麼罪惡之城，乃是西漢成帝時期的首都長安。漢成帝在公元前 33 年登帝位，這時候已經在位十多年了。在永始元年（前 16 年）六月，成帝封趙飛燕為皇后，其妹合德為昭儀。成帝荒淫無度，正在此時。所謂「上樑不正下樑歪」，成帝無心治國，致使外戚當道，把持朝政。長安出現了有組織的犯罪集團、職業殺手等，此見「受賕報仇」，代表了可用金錢復仇，聘請職業殺手解決意見相異的人。在「相與探丸為彈」一句，可見犯罪者是有組織的犯罪集團。這個犯罪集團，「探丸為彈」，彈丸有三種顏色，得到了赤丸、黑丸，或是白丸，有着明確的分工。相較而言，探得赤丸所得任務最為危險，此因武吏大抵武功高強，能否成功殺之，並沒有把握。至於探得黑丸，則負責殺害文官，文官未必有着上乘武功，相對較為容易處理。殺武官也好，文官也好，犯罪集團裏的殺手，也必然有所損傷，因此探得白丸者負責主理同黨的喪

事。如此的犯罪集團在首都長安橫行無忌，則長安治安之不堪可見一斑。

治亂世，唯有用重典，這時候尹賞便出場了。尹賞，字子心，乃鉅鹿楊氏地方人。曾經出任郡吏，因其明察清廉，故獲推舉任樓煩長。後又被舉薦為茂材，任粟邑縣令。後來，左馮翊薛宣上奏皇帝，以為尹賞能治理艱巨的亂事，故得調任為頻陽縣令。在此任內，尹賞又因用刑過於殘酷而遭到免官。後因御史推薦而任命為鄭縣令。長安之亂，誰能化解？大家便想起了「能治劇」的尹賞，於是錄用尹賞任臨時的長安令。

一般人新官上任，可能會去拜見地方富豪，疏通關係；可能會立刻到官府上班，以示勤政；可能會走訪社區，做秀並佯為親民。尹賞是一位極為殘酷的官吏，配合治安大亂的長安，他得到了可以隨機從事的特權。而尹賞第一件要做的事，原來是修建長安的監獄。尹賞命令下屬向地下打出許多大洞，各深數丈，取出的土則在四周壘起土郭，然後用大石頭蓋在洞口之上，並稱這些洞為「虎穴」。《漢書·尹賞傳》接續云：

> 乃部戶曹掾史，與鄉吏、亭長、里正、父老、伍人，雜舉長安中輕薄少年惡子，無市籍商販作務，而鮮衣凶服被鎧扞持刀兵者，悉籍記之，得數百人。賞一朝會長安吏，車數百兩，分行收捕，皆劾以為通行飲食群盜。賞親閱，見十置一，其餘盡以次內虎穴中，百人為聚，覆以大石。（卷九十，頁 3673）

「虎穴」的工程完工以後，尹賞便即部署戶曹、屬吏，以及鄉吏、亭長、里正、父老、伍人等下屬，讓他們分別舉報長安城中各

處的輕薄少年和不服管教的惡劣子弟，對沒本地戶口的商販工匠，而身着危險服裝如披鎧甲、着臂衣，手持刀箭兵刃的，也悉數查記，共得數百人。有一天，尹賞召集了長安的大小官吏，並備車馬數百輛，令其分頭對被查出者進行收捕，認定他們都是危害社會治安的盜賊。尹賞親自加以閱視，每閱視十人便放走一人，其餘的則都被依次投入虎穴之中，每穴各一百人左右，最後以大石頭蓋上洞口。這是多麼可怕的場景，不人道，殺人如麻。凌稚隆《漢書評林》引王維楨云：「此一段儘力描寫其殘鷙處，令人可涕。」(卷九十，頁 19B 眉批) 此言是也。社會上有着許多的問題，該當如何舒緩，如何解決，方法眾多。殺一或許可以做百，殺了幾百相信可以震懾整個長安，但管治貴乎恩威並施，只以殘酷手段行之，難怪乎尹賞《漢書》以為「能治劇」，即可以治理一些極端情況。

在這些「少年惡子」悉數進入「虎穴」的幾天以後，尹賞派人打開石頭檢視，卻見下面的人都已橫七豎八地相枕而死。於是，便將屍體取出，分別掩埋於寺門華表的東面，並各插木椿，寫其姓名，一百天以後，才讓死者家屬各自挖出屍首取回。家屬們都號啕大哭，過路的人亦皆為之嘆息。尹賞殘殺少年惡子之事，傳遍長安，於是長安城中有歌唱到此事：「安所求子死？桓東少年場。生時諒不謹，枯骨後何葬？」這是說要到哪裏去找兒女屍體呢？華表東面的少年場。因為生前奸盜不修身，到了死後連枯骨也無處安葬。

尹賞在長安管理治安數月，盜賊活動便停止了，外來盜賊由於害怕紛紛逃回原來的郡國，不敢再有窺伺長安之念。但我們也要注意，長安盜賊之息，並非因為教化之故而使這些人改過遷善，他們不過是害怕尹賞的殘酷，而到了其他地方繼續盜賊之事。

《漢書‧尹賞傳》之末，記載了尹賞死前的遺言，道出了他一生為官的心得：

> 數年卒官。疾病且死，戒其諸子曰：「丈夫為吏，正坐殘賊免，追思其功效，則復進用矣。一坐軟弱不勝任免，終身廢棄無有赦時，其羞辱甚於貪汙坐臧。慎毋然！」賞四子皆至郡守，長子立為京兆尹，皆尚威嚴，有治辦名。（卷九十，頁3675）

殘酷治官，乃是尹賞行事的座右銘。尹賞也是死在為官任上的。在他得病將死之時，尹賞便告誡幾個兒子，以為大丈夫做官，不怕因「殘賊」罪而免官，在這種情況下免官，如果日後有人追思其效果，便會重新得到任用。可是，因軟弱失職而免官，就會終身被廢棄而再無起用之時，如此羞辱較諸犯了貪汙窩藏罪還要重得多。因此，尹賞唯願幾個兒子謹慎而不失職！尹賞的四個兒子都官至郡守，長子尹立更當上了京兆尹（首都長安地區的行政首長），他們都崇尚威嚴，有善於管治的名聲。可見，尹賞雖死，但因其教誨，一個尹賞死了，而有四個同樣殘酷的尹氏兄弟承繼父業。沒有治安欠佳的城市，便沒有酷吏存在的價值；尹賞的四個兒子持續得到重用，西漢治安如何便有了明確的答案。

在紀傳體史書裏，人物傳記有獨傳、合傳、類傳等數種。尹賞事跡具見《漢書‧酷吏傳》。此篇為類傳，記述行為事跡相類者，全篇所記酷吏，包括郅都、甯成、周陽由、趙禹、義縱、王溫舒、尹齊、楊僕、咸宣、田廣明、田延年、嚴延年、尹賞等十三人。顧名思義，「酷吏」便是殘酷的官吏。

《史記》與《漢書》皆有為酷吏立傳。班固因襲司馬遷，編撰〈酷吏傳〉，其傳序與贊語皆本《史記》，是以班固贊語總論酷吏云：「其廉者足以為儀表，其汙者方略教道，壹切禁姦，亦質有文武焉。雖酷，稱其位矣。」（卷九十，頁 3676）幾乎全依《史記·酷吏列傳》，並無一語貶抑酷吏。然細意考察，司馬遷於《史記·太史公自序》嘗云：「民倍本多巧，姦軌弄法，善人不能化，唯一切嚴削為能齊之。作〈酷吏列傳〉第六十二。」（卷一百三十，頁 3318）司馬遷以為酷吏可濟亂世之窮，最為稱職，因無片語貶抑酷吏。[1] 然而班固自撰《漢書·敘傳》，其總論編撰〈酷吏傳〉之因由，不再因襲司馬遷語，班固云：「上替下陵，姦軌不勝，猛政橫作，刑罰用興。曾是強圉，掊克為雄，報虐以威，殃亦凶終。述〈酷吏傳〉第六十。」顏師古注：「言哀閔不辜之人橫被殺戮，乃報答為虐者以威而誅絕也。」（卷一百下，頁 4266）可見班固其實深惡酷吏，以其殺戮無辜，殘賊不仁，是以〈敘傳〉中，總論酷吏時，立說乃與太史公迥異。

　　再考《漢書·酷吏傳》，班固敘寫尹賞事跡，因其人在成帝之時，故無《史記》可資襲取。仔細分析，文中多寫尹賞殘賊，鮮有敘述尹賞管治功績，例如傳首即記尹賞「徙為頻陽令，坐殘賊免」（卷九十，頁 3673）。班固兩次表明尹賞性格殘忍暴虐，因遭免職，然

1　《史記》與《漢書》俱為酷吏立傳，《漢書·酷吏傳》所載者具見上文。《史記·酷吏列傳》所載包括郅都、寧成、周陽由、趙禹、張湯、義縱、王溫舒、尹齊、楊僕、減宣、杜周等十一人。較諸《漢書·酷吏傳》而言，可見張湯、杜周皆不在其中。李景星《四史評議》云：「班氏此傳仍本《史記》原文，而出張湯、杜周使自為傳；入田廣明、田延年、嚴延年、尹賞四人，與其餘諸人合將。」（《四史評議》，頁 247-248。）李氏言是，道出了酷吏人物在《史》《漢》記載的梗概。張湯、杜周在《漢書》獨立成傳，其事跟跡分見《漢書·張湯傳》、〈杜周傳〉。

漢室竟多次復用，可見朝廷未嘗以尹賞暴行為戒。班固於傳末再記尹賞疾病將死，竟深戒諸子曰：「丈夫為吏，正坐殘賊免，追思其功效，則復進用矣。一坐軟弱不勝任免，終身廢棄無有赦時，其羞辱甚於貪汙坐臧。慎毋然！」（卷九十，頁 3675）班固意欲表明尹賞一生殺戮無數，卻未嘗反省思過；而漢朝重用酷吏，一如既往，是以深為無辜被戮者惋惜。讀者苟能結合《漢書‧敘傳》，乃知班固旨意。至於傳中細寫尹賞暴行者，莫如選守長安令，築「虎穴」濫殺無辜一事，班固記之特詳，以示尹賞殘賊。

簡言之，司馬遷以為酷吏雖然殘酷，如果遇上治安不景之亂世，自有其用武之地，而殘酷也是管治亂世時的適當手段。至於《漢書》，其實並不認同酷吏的作為，故在尹賞之傳，極言其殘酷之狀，而不及其管治之功，則《漢書》之取向可以考見矣。

最佳愛情故事

17

在二十一世紀的今天，性別平權之聲不絕於耳，聯合國在2015 年公佈十七項的可持續發展目標（Sustainable Development Goals，簡稱 SDGs），其中便包括了性別平等（Gender Equality），為的是實現男女平等，並賦予婦女權力。

　　西漢距今二千多年，古代社會固然有亟需進步的領域，但在某些領域也有我們意想不到的前沿思想。《漢書》的宮廷人物愛情故事，男女故事具見〈外戚傳〉，男男故事則在〈佞幸傳〉。〈外戚傳〉的故事在前文已經看過了，在這裏讓我們看一個《漢書》裏最為真摯的愛情故事。

　　為佞幸人物立傳，並非《漢書》首創，司馬遷《史記》已有〈佞幸列傳〉。《史記·佞幸列傳》所載佞臣，主要包括了鄧通、韓嫣、李延年等，此因《史記》載事下限只能在漢武帝時，此後西漢佞幸人物，全仗《漢書》載錄。《漢書·佞幸傳》同載鄧通、韓嫣、李延年等三人，而後補充了漢元帝時的石顯、成帝時的淳于長，以及哀帝時的董賢。

究竟「佞幸」二字有甚麼意思？哪些人物可堪載入〈佞幸傳〉呢？《史記‧佞幸列傳》之首即載云：

　　　　諺曰「力田不如逢年，善仕不如遇合」，固無虛言。非獨
　　女以色媚，而士宦亦有之。昔以色幸者多矣。至漢興，高祖至
　　暴抗也，然籍孺以佞幸；孝惠時有閎孺。此兩人非有材能，徒
　　以婉佞貴幸，與上臥起，公卿皆因關說。故孝惠時郎侍中皆冠
　　鵔鸃，貝帶，傅脂粉，化閎、籍之屬也。（卷一百二十五，頁
　　3191）

　　俗語有云，努力種田，不如碰上好年景；善於做官，不如碰上
了好機遇。司馬遷以為此非虛言。靠着姿色獻媚得寵，不僅僅是
女子，士人官員裏也有如此的人。依靠美色而受寵者，往昔多有存
在！及至漢朝興起，漢高祖劉邦最為暴烈剛直，但是籍孺卻靠着諂
媚而受寵；孝惠帝的時候則有閎孺，其行徑與籍孺無異。二人得寵
並非靠着甚麼才能，乃因柔順、諂媚才得以顯貴寵幸，他們與皇帝
同臥同起，作息與共，公卿大臣有甚麼事情只得通過他們才能稟告
給皇帝。因此，孝惠帝時，宮中的郎官、侍中都戴着錦雞羽毛裝飾
的帽子，束着用貝殼裝飾的腰帶，搽着胭脂香粉，效仿閎孺、籍孺
這類人。《漢書‧佞幸傳》之序文亦襲取《史記》此文，可見二書對
佞幸之徒態度一致，即「非有材能，徒以婉佞貴幸」。又《漢書‧敘
傳》云：「彼何人斯，竊此富貴！營損高明，作戒後世。」（卷一百
下，頁4267）可見《漢書》大抵以為佞臣本無材能，徒以容顏取悅
君上，如鄧通「無他伎能」（卷九十三，頁3723）、董賢「美麗自喜」

（卷九十三，頁 3733）皆是。此外，司馬遷謂佞臣「非獨色愛，能亦各有所長」（卷一百三十，頁 3318），韓嫣善騎射、李延年善歌，此亦其所長也。由是觀之，可見二書持論同中有異。

全篇《漢書・佞幸傳》之文，前後多見呼應處，預示佞臣下場。記鄧通，謂文帝使人相之，以為當貧餓死，文帝於是賜通能自鑄錢，故「鄧氏錢布天下，其富如此」（卷九十三，頁 3723）。後文帝崩，「長公主乃令假衣食。竟不得名一錢，寄死人家」（卷九十三，頁 3724），凌稚隆以為二句正呼應「其富如此」及「餓死」句。[1] 記韓嫣，言其得罪太后，「太后絲此銜嫣」（卷九十三，頁 3725）。及後韓嫣「出入永巷不禁，以姦聞皇太后」（卷九十三，頁 3725），太后因而賜死，即是武帝為謝，亦不為開脫。記石顯，謂其恐天子但用左右大臣，直言己過，故設變詐以取信於元帝。元帝崩，成帝即位，丞相御史即條奏石顯舊惡，顯因之免官。此皆呼應前文之例。述董賢，言其宅新成，大門卻無故自壞，心甚惡之，不及而哀帝崩，賢亦旋即敗亡。董賢與漢哀帝的故事，具見下文討論。

哀帝邂逅董賢，是這個故事的開始。董賢原為郎官，在未央宮裏負責報時。哀帝即位時年蓋 19 歲，而董賢較哀帝年輕四歲，只有 15 歲。董賢雖然只是負責報時，但對自己的容貌卻充滿自信，乃是名副其實的美少男，《漢書》稱之為「美麗自喜」（卷九十三，頁 3733）。有一天，適值董賢在殿裏值班，哀帝見之，為其容貌所

1　案：凌稚隆《漢書評林》有凌氏按：「竟不得名一錢」與「其富如此」相顧；「寄死人家」應前「餓死」句。（《漢書評林》，卷九十三，頁 3A 眉批。）《漢書評林》多揭示文句前後關係，彼此呼應，此即一例。

驚嘆，於是召之為黃門郎。此後，憑其美貌，董賢官運亨通，一直晉升。及後為駙馬尉侍中，復至大司馬衛將軍。

　　哀帝與董賢的愛情故事，以斷袖的故事最為膾炙人口。成語故事裏有「斷袖分桃」，前者説的是我們這裏的兩位主角——哀帝與董賢，後者説的則是春秋時代的衛靈公與彌子瑕。「分桃」的故事與《漢書》無涉，[1]此不贅述，讓我們主要來看「斷袖」。《漢書·佞幸傳》如此描述：

　　　　常與上臥起。嘗晝寢，偏藉上褻，上欲起，賢未覺，不欲動賢，乃斷褻而起。其恩愛至此。（卷九十三，頁 3733）

　　有一次，二人在白天睡覺，董賢的身體壓住了哀帝的袖子，哀帝已經睡醒，本欲起床，可是董賢未醒，哀帝不欲驚醒董賢，便割斷了自己的袖子，使自己可以起床而又不干擾熟睡了的董賢。面對

1　衛靈公與彌子瑕的故事，屢見於先秦兩漢典籍，其中《韓非子·説難》載之甚詳：「昔者彌子瑕有寵於衛君。衛國之法，竊駕君車者罪刖。彌子瑕母病，人閒往夜告彌子，彌子矯駕君車以出。君聞而賢之曰：『孝哉，為母之故，忘其刖罪。』異日，與君游於果園，食桃而甘，不盡，以其半啗君。君曰：『愛我哉，忘其口味，以啗寡人。』」（韓非著；陳奇猷校注：《韓非子新校注》〔上海：上海古籍出版社，2000 年〕，卷四，頁 268-269。）此言彌子瑕從前很得衛靈公的寵愛。據衛國法律，私自駕國君車子者當處以斷足之刑。有一次，彌子瑕母親病了，彌子瑕知之，彌子瑕便假傳命令駕着衛靈公的車子出去了。衛靈公知悉後，以為彌子瑕很賢德，十分孝順，因母親之故而忘記了斷足之刑。又有一次，彌子瑕與衛靈公一起在桃園遊玩，吃到了一個很甜的桃子，彌子瑕便將這個還沒吃完的桃子給了衛靈公。在「斷袖分桃」的故事裏，「分桃」説的便是衛靈公與彌子瑕的這個故事。

董賢與漢哀帝（陳洪綬《博古葉子》）

如斯場面，《漢書》的話也不多，只有五個字——「其恩愛至此」。
這裏說「恩」與「愛」，也是別出心裁。「恩愛」或指夫妻之間的親
熱和情愛，也指深厚的感情。在整部《漢書》裏，班氏父子從沒指
出任何二人為「恩愛」，唯有哀帝與董賢能當之，可見《漢書》之用
心。凌稚隆云：「先虛敘賢被帝寵愛之盛，復舉斷袖一節以實之。」
（卷九十三，頁 9B 眉批）哀帝斷袖一事，證成了董賢受寵之極致。
因此，寵愛之盛也不再是虛言，而是有實例為證。

　　哀帝與董賢之恩愛，《漢書》尚有更多細意描寫。董賢性情溫
柔，但卻邪僻而不誠實，善於諂媚取寵以便在宮廷裏站穩陣腳。古
代官員上班五天便有一天假期，稱之為「洗沐」。每當董賢有洗沐
假期時，他都不肯外出，而常常留在哀帝身邊照看醫藥。哀帝對董

賢的寵愛，不是單純的讓其享盡榮華富貴，而是多有體貼。哀帝因見董賢難以有空回家，於是便下令董賢將他的妻子帶到宮殿裏暫時居住，並住宿在董賢休息之處，情況如同官吏們的妻子居住官署宿舍一樣。

我們都聽過成語「愛屋及烏」，意謂因為愛一個人，連帶也愛護停留在他屋上的烏鴉。這個成語用以比喻愛一個人也連帶地關愛與他相關的一切。用「愛屋及烏」來形容董賢身邊的人，絕對非常合適。這裏包括了董賢的父親、妹妹、妻子、岳父、岳父的弟弟。寵幸董賢，將原為御史的董賢父親董恭擢升為少府，賜爵關內侯，有食邑。寵幸董賢，因而將董賢的妹妹納入後宮為昭儀，地位僅次於皇后。寵幸董賢，因而將董賢的妻子也一併召往宮中，與董賢同住在殿裏，方便隨時與董賢一同侍奉皇帝。寵幸董賢，讓董賢的岳丈當上了將作大匠，掌管宮室修建。寵幸董賢，任命董賢岳丈的弟弟為執金吾。因愛董賢，而將愛同時傳輸給五人，是何等的愛方可臻此效？

任命董賢岳父為將作大匠，實有一重要任務，那便是在北宮殿旁興建一幢極盡奢華的董賢官邸。董賢原本不可能居住在皇宮裏，但哀帝為了可與董賢朝夕相見之餘，更不欲董賢每天上朝舟車勞頓，故在北宮殿旁建造巨大的宅第，有着重殿洞門，土木雕琢極盡工巧，柱檻都用緋錦為衣。這也是哀帝愛護董賢的反映。更有甚者，外國使者進貢各種物品，哀帝下令頭等的都歸董氏，皇帝和皇室所用的反而是次一等的。

人生匆匆數十年，總免不了生老病死。哀帝也害怕有一天董賢會離開自己，因此「恩愛至此」便當超越死生。於是，東園庫房的

棺槨，珠子連成的短衣、殮屍的玉衣等身後之物，哀帝都提前了賞賜給董賢，可謂應有盡有。同時，哀帝又下令將作大匠（董賢岳父）為董賢在義陵（哀帝皇陵）旁邊建造墳塋，裏面有着設計舒適供作休息之用的房屋，屋頂採用堅實柏木作成尖蓋形，外面修建巡察道路，四周圍牆數里之長，門闕上掛的網屏十分講究。如此設置，到了二人百年歸老以後，尚能長住一起。哀帝心思縝密，恩愛至此！

以上這些，不過是金銀財帛，以至身後之事，如何提升董賢的地位，也使哀帝費煞思量。一是要使董賢升為高官。王嘉原為丞相，反對哀帝欲將董賢封侯，後王嘉死，丁明可憐之。丁明原為大司馬，但他不識好歹，居然妒忌董賢得寵。哀帝知之，極度不滿，於是下詔免除丁明為大司馬一職。有破便有立，除去丁明以後，哀帝便立董賢為大司馬，《漢書》寫道：

> 是時賢年二十二，雖為三公，常給事中，領尚書，百官因賢奏事。以父恭不宜在卿位，徙為光祿大夫，秩中二千石。弟寬信代賢為駙馬都尉。董氏親屬皆侍中諸曹奉朝請，寵在丁、傅之右矣。（卷九十三，頁 3736）

這時候的董賢二十二歲，雖在三公（大司馬、大司空、大司徒）之位，而常處宮中辦公務，領尚書，百官都通過董賢奏事。另一方面，兒子董賢已為三公，父親董恭不可能只任卿位，於是調任為光祿大夫，為中二千石級別。其弟董寬信接替董賢的駙馬都尉職務。董氏親屬都當上了侍中諸曹官員並奉朝請，恩寵已在外戚丁、傅兩族之上了。後來匈奴單于來朝，見漢大司馬董賢如此年輕，心感奇

怪，使翻譯官相問，哀帝聽之，便使譯者回覆，此乃董賢極為賢德所使然。單于知之，乃賀漢得賢臣。想不到哀帝的鍾愛，可使美麗柔和的董賢位極大臣！

二是欲效堯舜禪讓。一人之下，萬人之上，董賢沒有刻意爭取些甚麼，一切皆是哀帝賦予。有一次，王閎替董賢弟駙馬都尉董寬信向蕭咸的女兒求婚，蕭咸惶恐不敢應允，並私下向王閎表示，謂董賢為大司馬，冊文裏有着「允執其中」（卷九十三，頁 3738），即堅持不偏不倚中正之道之意，乃是堯讓位於舜之文，並非三公典制。王閎明白蕭咸所言的背後含義，即蕭家高攀不起董家，拒絕親事，便向董恭回話。董恭聽後，深深慨嘆，以為董家沒有甚麼對不起天下的事情，何以讓人家如斯畏懼呢！常言有道，愛之適足以害之，用來形容哀帝與董賢便最貼切不過了。後來，哀帝設宴，席間有一段對話，更是教人看得心驚膽顫。《漢書‧佞幸傳》云：

> 後上置酒麒麟殿，賢父子親屬宴飲，王閎兄弟侍中中常侍皆在側。上有酒所，從容視賢笑，曰：「吾欲法堯禪舜，何如？」閎進曰：「天下乃高皇帝天下，非陛下之有也。陛下承宗廟，當傳子孫於亡窮。統業至重，天子亡戲言！」上默然不說，左右皆恐。於是遣閎出，後不得復侍宴。（卷九十三，頁 3738）

哀帝在麒麟殿裏宴請群臣，董賢父子自然是座上客，王閎兄弟以及侍中、中常侍等俱在旁邊。哀帝看來是喝多了，帶着一點微醺，看着董賢笑着説道，以為自己當效法堯舜禪讓，將帝位禪讓

予董賢，並向赴宴群臣查問有甚麼看法。又是王閎，他立刻勸阻哀帝，以為漢家天下乃是高祖劉邦辛苦得來的，並非哀帝所私有。哀帝理當承繼劉氏宗廟的祭祀，傳業子孫永無窮盡。皇統大業至關重大，天子不得戲言！哀帝聽罷王閎的發言，沉默而不高興，左右群臣深感惶恐。在往後的日子裏，這位掃興的王閎也不能再度赴宴。

董賢有的只有美貌，而沒有能力，《漢書‧佞幸傳》的贊語指出「進不繇道，位過其任，莫能有終」（卷九十三，頁 3741），用來形容董賢便最為貼切了。在《漢書》的記述裏，我們可見哀帝無條件的付出，而董賢也全心全意待在哀帝身邊，侍奉左右。可惜的是，任何的海誓山盟，到了生命結束的一刻，故事也便都完結了！那座新建成的董賢大宅，看起來十分堅固，其外大門卻無緣無故壞掉了，使董賢內心感到十分厭惡。果然，數月後，一向體弱多病的哀帝便駕崩了，年僅二十五歲！哀帝是董賢的依靠，愛人驟逝，董賢頓時六神無主。太皇太后（即元后）請大司馬董賢決定哀帝葬禮事宜，但董賢過於憂傷，不能專對，只能去冠謝罪。結果，太皇太后找來了新都侯王莽前來協助，成帝駕崩之時，王莽同樣負責喪事，具有豐富經驗，而王莽既至，便立刻向太后彈劾董賢，並收回其大司馬印綬，而當天董賢與妻便自殺。董賢死後，王莽疑其詐死，不單要求開棺檢查，後來更裸葬董賢屍首在監獄之中。其後，變賣董氏家族家產，得四十三萬萬錢，即四十三億。無論當時貨幣等同現今的多少錢，四十三億必然是天文數字。或許，我們以為這是董賢貪腐的結果。不要忘記的是，董賢幾乎沒有要求甚麼賞賜，金銀財帛、珍寶玩意、華麗宮室、高官厚祿，都是哀帝所給予的。真摯的愛情，早已超越財貨利益，「恩愛至此」的哀帝與董賢，二人的關係並非金

錢可以衡量。皇帝賞賜，臣下接納，天經地義，且無由抗拒。王莽以此營造董氏一族貪腐的形象，是否事實真相，今天看來，似乎已不言而喻。

哀帝在位之時，西漢已經日漸衰敗，早非文景之治、武宣盛世的景象。面對權貴、外戚等的各方勢力，缺乏政治才能的哀帝早已無計可施。董賢是哀帝生命裏的一絲慰籍，生於宮中，便不免捲入一連串的權力鬥爭，哀帝早逝，而董賢進不由道，沒有真正才能，致使這段淒美的愛情故事只能以遺憾而落幕。後世觀之，無不惋惜，但我們細讀《漢書·佞幸傳》，當也無損對「恩愛」的深刻體會。

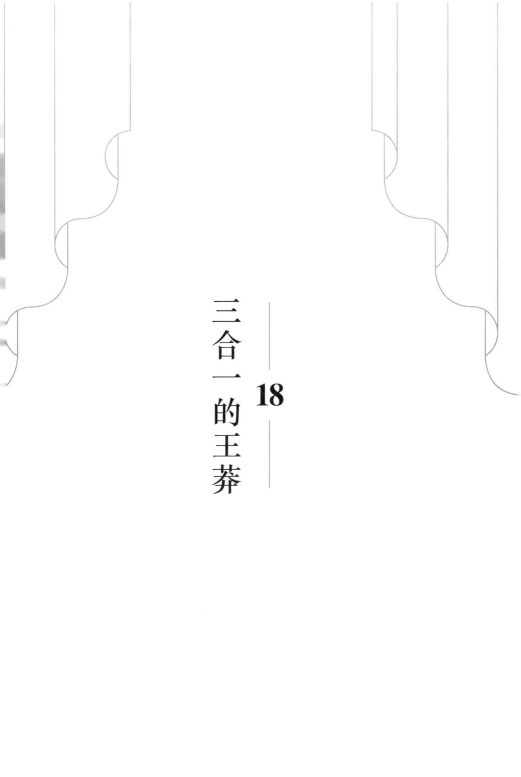

18

三合一的王莽

寫一篇文章，老師總是要求人物形象要有具體的刻劃。如何能夠具體，有各類型的刻劃。古書特別喜歡描刻人物的樣貌，更會用上各種比喻。而且，古人為文例不虛發，既然花了篇幅以狀寫其容貌，則其容貌必然與後文的敘述息息相關。我們這次要討論的是王莽的容貌，以下為《漢書‧王莽傳》的記述：

> 　　莽為人侈口蹙顄，露眼赤精，大聲而嘶。長七尺五寸，好厚履高冠，以氂裝衣，反膺高視，瞰臨左右。是時有用方技待詔黃門者，或問以莽形貌，待詔曰：「莽所謂鴟目虎吻豺狼之聲者也，故能食人，亦當為人所食。」問者告之，莽誅滅待詔，而封告者。後常翳雲母屏面，非親近莫得見也。（卷九十九中，頁4124）

　　如此極寫傳主的相貌，並不多見；而且，此處描寫不是記載王莽事跡之初，而是在《漢書‧王莽傳》之中篇。《漢書》記載王莽

事跡甚悉，篇幅頗長，今分為上中下三篇。上篇所載，王莽仍為漢臣；中下篇則王莽已篡漢立新矣。這裏說王莽在相貌上的特式，包括口腔大，下巴短，眼球凸出，晶體血紅，聲音粗大而沙啞。王莽身高七尺五寸，在漢代來說，並不算高大。[1]因此，特別喜歡穿厚底鞋子，戴着高帽子，穿起硬毛絮衣，挺胸仰視，從上往下看左右兩邊。此等描述當然不好，但也不算太差。這時侯，有一位憑醫術在黃門等候任用的小人物，有人問他關於王莽的相貌，那個等候任用的人說：「王莽的相貌，就是人們所說的眼睛像鴟鷹，嘴巴像老虎，聲音像豺狼的人，所以能夠吃人，將來也會被別人吃掉。」簡言之，王莽有着鴟鷹的眼睛，老虎的嘴巴，豺狼的聲線，如此的三合一併合，光想起來已教人生出厭惡之情。那個發問的人告發了這件事，王莽便處死了那個等候任用的人，封賞了那個告發的人。試想想，待詔所言如非句句屬實，戳到王莽痛處，又怎會落得如斯下場呢？王莽自感相貌醜惡，自此以後，經常用雲母屏面遮掩自己，不是親近的人不能見他。

甚麼是「屏面」呢？在《漢書·張敞傳》「自以便面拊馬」句下，顏師古注：「便面，所以障面，蓋扇之類也。不欲見人，以此自障面則得其便，故曰便面，亦曰屏面。今之沙門所持竹扇，上裒平而下圜，即古之便面也。」（卷七十六，頁 3223）可知「屏面」也者，

1　王充《論衡》每以七尺為身高常數。彭衛云：「漢代文獻每以男性身高八尺以上入史，則不足七尺（約 161 厘米）是男性矮子和常人的界限，而八尺（約 184 厘米）以上則是高個子。」（彭衛：〈秦漢人身高考察〉，載《文史哲》第 6 期〔2015 年〕，頁 3。）身高僅及中人，缺乏帝王特質，因而穿上厚底鞋子，也是王莽虛偽舉措的一隅。

即是便面，就是扇子，因用來遮蔽臉面而得名。王莽拿着一把用雲母所造的扇子，遮掩着自己的容貌。

王莽的三合一容貌，即鶹鷹的眼睛，老虎的嘴巴，豺狼的聲線，又有些甚麼寓意呢？讓我們逐一發掘。首先，是鶹鷹的眼睛。鶹鷹乃中型猛禽，多在近水沼澤地區棲息和繁殖。獵食鼠類及小型鳥類為生。如此的猛禽，必然是目光銳利，以此狀寫王莽，則其性情可知。

其次，是老虎的嘴巴。俗語有云：「被老虎舔一口，不死也脫層皮。」此話當真？最關鍵的是老虎嘴巴表層長滿了倒刺，此等倒刺的上邊遮蓋了一層硬化角質，如荊棘般。假如人給老虎舔了一口，就好像被荊棘條刮傷一樣，導致的創口也將會是一大塊面積的。以此比喻王莽，可見他的嘴巴充滿殺傷力。

再者，是豺狼的聲線。豺是犬科豺屬至今唯一倖存的動物，《爾雅‧釋獸》云：「豺，狗足。」郭璞注：「腳似狗。」[1]《説文解字‧豸部》：「豺，狼屬，狗聲。从豸才聲。」[2]今天，豺是犬科豺屬的動物；《説文》謂之狼屬。其實豺屬、狼屬俱為犬科。《説文》分類更有意思的是，豺更多時候與「狼」一起出現；我們也會稱之為「豺狼」。在傳統文獻裏，「豺狼」每多合稱，似乎不可分離，代表的是兇殘的動物。曹植〈贈白馬王彪〉寫於黃初四年（223）。是年五月，曹植和白馬王曹彪（異母弟）、任城王曹彰（同母兄）同到洛陽朝會。曹彰

---

1 《爾雅注疏》，載《十三經注疏（整理本）》（北京：北京大學出版社，2000 年），卷十，頁 363。

2 《説文解字》，九下，頁 17A。

暴死，曹植和曹彪在七月初回封地，本來打算同路而行，但是朝廷派出監國使者強迫他們分道。曹植悲憤不已，因而寫下此詩贈予曹彪。其中有「鴟梟鳴衡軏，豺狼當路衢」二句，[1]前句的「鴟梟」是不祥之鳥，「衡」是車轅上的橫木，「軏」（即軏）是衡兩旁下面用以扼住馬頸的曲木。這句比喻小人在皇帝身邊搬弄口舌。後句用了「豺狼」，豺狼當道意即壞人掌權。大抵亦意味着兄弟之間有壞人壅塞言路，致使兄弟隔閡。不少人以為豺狼的叫聲難聽，也是最不為世人喜歡的動物之一。

由是觀之，「鴟目虎吻豺狼之聲」都是負面的，王莽是篡漢的人，他的所有事情，所作所為，包括長相，都是很負面的。

王莽的最大問題是虛偽。如果有最虛偽古代政治人物選舉，王莽毫無疑問可以當上第一名。且看《漢書‧王莽傳》的記載：

> 陽朔中，世父大將軍鳳病，莽侍疾，親嘗藥，亂首垢面，不解衣帶連月。鳳且死，以託太后及帝，拜為黃門郎，遷射聲校尉。（卷九十九上，頁 4039）

在漢成帝陽朔年間，王莽的伯父大將軍王鳳患病，莽侍奉左右，親嘗湯藥，蓬首垢面，幾個月未曾脫衣睡覺。即使再忙，相信不可能連自我整理、換衣服的時間也沒有。但王莽的行為深得伯父歡心，結果王鳳死前託請太后和皇帝拜王莽為黃門郎，不久後更晉

---

1 曹植著；趙幼文校注：《曹植集校注》（北京：人民文學出版社，1984年），卷二，頁 297。

升為射聲校尉。王莽為人矯情虛偽，當然不是只有一次的事例，《漢書·王莽傳》云：

> 嘗私買侍婢，昆弟或頗聞知，莽因曰：「後將軍朱子元無子，莽聞此兒種宜子，為買之。」即日以婢奉子元。其匿情求名如此。（卷九十九上，頁 4040-4041）

表面上節儉謙遜的王莽，曾經暗地裏買下一個婢女，同族兄弟裏有人知道了這件事，王莽便跟他解釋，以為後將軍朱子元無子，自己聽說此婢女善於生育，特地為後將軍買來的。當天，王莽便把這個婢女奉獻給朱子元。《漢書》以為王莽實在是「匿情求名」，意即掩蓋了實情而志在追求賢德之名。

王莽追求些甚麼美名呢？「大義滅親」在此之列。《漢書·王莽傳》云：「莽杜門自守，其中子獲殺奴，莽切責獲，令自殺。」（卷九十九上，頁 4043）王莽原為大司馬，在哀帝朝，因傅家與王家爭權，為了明哲保身，便辭去了大司馬一職。此後，王莽閉門自守，他的二兒子王獲殺死了奴僕，王莽嚴厲斥責王獲，令其自殺。王莽意欲在仕途上一帆風順，誰在此路上予以阻擋，王莽皆必除之。即使殺人者為親兒，王莽亦一視同仁，大義滅親。《左傳·隱公四年》載衛國大夫石碏大義滅親，讓陳桓公將意欲謀反的州吁與親兒石厚殺掉。王莽令親兒自殺，大義滅親之舉，無可比擬。

王莽篡漢，後人耳熟能詳，殊不知王莽更曾當上了「安漢公」，為了維護漢室繁榮穩定出一分力。在漢平帝登基後，群臣以為王莽有安定漢室之首功，「莽有定國安漢家之大功，宜賜號曰安漢公，益戶，疇爵邑，上應古制，下準行事，以順天心。」（卷九十九上，

頁 4046）指出王莽有安定漢家天下的大功，應賜號為「安漢公」，增加封戶，爵邑世襲，上可以符合古制，下可以樹立行事的準則，以順應天意。面對如此雅號與實利，一般人理應立刻應允。可是，虛偽成性的王莽，自不可能即時答應。王莽上書推辭，以為能夠輔佐平帝登基，制定政策，乃是孔光、王舜、甄豐、甄邯等人的功勞，當先條錄孔光等人的功勞賞賜。甄邯建議太后下詔，要說明論功行賞，不得偏袒，而王莽有安定國家之功，請其不要再推辭。虛偽的王莽又復上書推辭。賜封不果，太后於是詔令近侍將王莽帶到正殿東廂等候，王莽便稱病不肯入朝，並如是者再三。王莽如此謙讓，朝中大臣向太后進諫，以為不要勉強王莽改變主意，只要條錄孔光等人的功勞，王莽便會前來任職。

四人受封賞後，太后再次下詔以封王莽：

> 大司馬新都侯莽三世為三公，典周公之職，建萬世策，功德為忠臣宗，化流海內，遠人慕義，越裳氏重譯獻白雉。其以召陵、新息二縣戶二萬八千益封莽，復其後嗣，疇其爵邑，封功如蕭相國。以莽為太傅，幹四輔之事，號曰安漢公。以故蕭相國甲第為安漢公第，定著於令，傳之無窮。（卷九十九上，頁 4047）

在這次的詔書裏，指出王莽在三公之位已經三朝，主管周公的職事，建立了使國家長治久安的良策，其功德乃是忠臣的楷模，德化流佈天下，即使偏遠地區的人民也仰慕他的高義，越裳氏甚至不惜萬里之遙而來朝奉獻白雉。太后更將召陵、新息兩縣二萬八千戶加封王莽，免除後代徭役，世襲爵邑。如此封賞，仿如西漢初年

的蕭何。詔封王莽為安漢公，更將昔日蕭何之相國府第作為安漢公府第。推讓多次，這次王莽再也不讓了。畢竟，反覆「謙讓」，只是為了追求「謙讓」的美名；美名已經有了，便應該享受實利。《漢書》的記載十分精采，云：「於是莽為惶恐，不得已而起受策。」（卷九十九上，頁 4048）在誠惶誠恐的情況下，王莽迫不得已終於接受了安漢公的封號。

從醜惡無比的容貌起，細寫其虛偽無比的行徑，王莽在《漢書》裏一直維持着很差的形象。我們無意為王莽平反，但王莽似乎也受到了後世不公平的待遇。

我們時常説：「歷史是勝利者的紀錄。」此話當然沒錯，也是事實。王莽篡漢，結束了西漢劉姓二百一十四年的統治。班彪、班固父子編撰西漢歷史，歌頌漢德，唯漢為大，因成《漢書》。作為篡漢之人，《漢書》將〈王莽傳〉置之於全書的第九十九篇，如按照王莽的生活軌跡來説，看似合理，其實不然。在《漢書》的七十傳裏，基本上按照傳主的生活時代排序，但在獨傳、合傳以後，自第五十八篇起，已經是類傳了。所謂「類傳」，即是傳裏所載人物以類相從，故合為一傳，在《漢書》裏的是〈儒林傳〉、〈循吏傳〉、〈酷吏傳〉、〈貨殖傳〉、〈游俠傳〉、〈佞幸傳〉。復次之以四夷傳，包括〈匈奴傳〉、〈西南夷兩粵朝鮮傳〉、〈西域傳〉。接下來是〈外戚傳〉，緊接之以〈元后傳〉，而元后本為外戚，但因其婦人之仁，重用王莽，間接導致了西漢滅亡，故獨立成傳。在《漢書》編者的心目中，王莽是「壞人」，導致了西漢覆亡，置之末位，目的在於使後世之亂臣賊子有所畏懼。後世如宋代歐陽修等所編撰的《新唐書》，列傳之末，次有〈奸臣〉、〈逆臣〉等傳，無疑是受到《漢書》將〈王莽傳〉居末之所啟發。

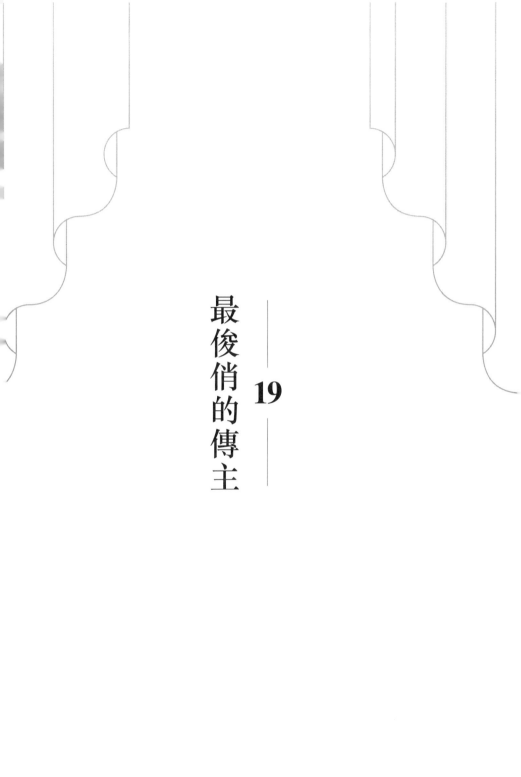

最俊俏的傳主

19

我們不應該以貌取人，甚麼事情都只看表面的話，那便過於膚淺。太過執着於人的長相，便論定其人之好壞，孔子也是受害者。孔子學生眾多，其中一位名為澹臺滅明。《史記・仲尼弟子列傳》載孔子云：「吾以言取人，失之宰予；以貌取人，失之子羽。」（卷六十七，頁 2206）有這樣的兩個學生，孔子以為自己走漏了眼。以言取人，使孔子看錯了宰予；[1] 以貌取人，使孔子看錯了子羽（澹臺滅明）。澹臺滅明「狀貌甚惡」，體形外貌都很醜，大概後來也離開了孔門。離開以後的澹臺滅明，也成為了一位教師，「南游至江，從弟子三百人，設取予去就，名施乎諸侯」（卷六十七，頁 2206）。

1　宰予能言善道，在孔門四科裏位列「言語」科裏。考諸《論語》全書，宰予凡五見，其中如「宰予晝寢」（5.10）與「三年之喪」（17.21）的討論，宰予皆為孔子所責罵。然而，宰予既在孔門四科十哲之列，必定有其過人之處。戰國時代的孟子，則以為宰予「智足以知聖人」（3.2），是宰予堪與孔子相比。準此，有關宰予，可參司馬遷《史記・仲尼弟子列傳》，以及蔡仁厚《孔門弟子志行考述》的宰予之部。

澹臺滅明也成為了一位名師，有着三百學生。「以貌取人」説的便是這個故事。

今天，假設我們為某人寫傳記，似乎也不應重在描寫其容貌。而且，人之美醜，更在乎內在美，外貌之美，本不足道。《漢書》則不然，傳主相貌，每多成為了敘事時的一大關鍵。《漢書》記載人物眾多，以下這些應該是漢代美男：

1. 張蒼：「身長大，肥白如瓠，時王陵見而怪其美士」（卷四十二，頁 2093）

2. 江充：「充為人魁岸，容貌甚壯」（卷四十五，頁 2176）

3. 息夫躬：「容貌壯麗，為眾所異」（卷四十五，頁 2179）

4. 公孫弘：「容貌甚麗」（卷五十八，頁 2617）

5. 朱雲：「容貌甚壯」（卷六十七，頁 2930）

6. 金日磾：「容貌甚嚴」（卷六十八，頁 2959）

7. 王商：「為人多質有威重，長八尺餘，身體鴻大，容貌甚過絕人」（卷八十二，頁 3370）

8. 陳遵：「容貌甚偉」（卷九十二，頁 3711）

9. 班伯：「容貌甚麗」（卷一百上，頁 4198）

10. 董賢：「為人美麗自喜，哀帝望見，説其儀貌」（卷九十三，頁 3733）

張蒼之美，在本書第五篇裏已曾詳加描述，此不贅言。第二位是江充。江充的衣着頗有特色，他時常身穿纖絲襌衣，服飾帶點女性化，絲帽上鳥羽作緌，走起路時還會搖冠飛緌。江充還長得魁梧偉岸，身材高大，容貌氣派，漢武帝望見了就感到他與眾不同，於

是對左右之人表示，燕趙真是奇士很多。江充後來得到漢武帝的重用，可是到了武帝晚年之時，江充因感昔日嘗得罪太子劉據，擔憂日後太子繼位時會遭其殺害。為此，江充謊稱武帝之所以患病，實出宮中蠱氣。漢武帝信以為真，派江充全權調查此事。後來，江充在太子宮殿內挖掘出桐木做的人偶，太子極為恐懼，卻又無法向漢武帝辯白，最終太子接受少傅石德的建議，矯詔誅殺江充。江充因其容貌甚壯，因而得到漢武帝的重用。漢武帝朝的美男子也不少，除了江充以外，諸如衛青、李延年等，亦為當時俊傑。

第三位是息夫躬。本傳言其「容貌壯麗，為眾所異」，可知他的長相壯碩英俊，讓人感到驚艷。容貌達至「壯麗」，自非一般人所可比擬，因此《漢書》以為息夫躬「為眾所異」。息夫躬初與傅晏、孫寵等人交好，哀帝在位時，因舉發東平王劉雲有功，獲封為宜陵侯。後來，漢哀帝不再寵信息夫躬，因遭免官歸國。後更被控心懷怨恨、詛咒漢哀帝等罪，遭逮捕下獄，死於獄中。

第四位是公孫弘。《漢書・公孫弘傳》載其「容貌甚麗」，許嘉璐主編之《二十四史全譯》以此四字為「一表人才」，[1] 顯非對譯。公孫弘容貌很美，當無可疑。公孫弘乃漢武帝時人，當時美男頗多，能得「甚麗」雅號，可見並非一般俊俏。公孫弘乃經學大師，官運亨通，最後死在丞相之任內。公孫弘性好猜忌，表面上為人寬厚但實質心機頗深。凡與其主見不合者，佯為友善，伺機報復。公孫弘為人虛偽，汲黯嘗予批評，云：「弘位在三公，奉祿甚多，然為布

1　許嘉璐主編：《二十四史全譯：漢書》（上海：漢語大詞典出版社，2004 年），卷五十八，頁 1240。

被，此詐也。」（卷五十八，頁 2620）汲黯以為公孫弘官位在三公之列，俸祿很多，但卻只用布來做被子，實乃詐偽。

第五位是朱雲。在《漢書》朱雲的本傳裏，他也得到與江充同樣的稱讚，那便是「容貌甚壯」。我們都知道人的長相難以完全相同，俊男美女也是各有各的特色。然則，朱雲與江充雖皆「容貌甚壯」之人，在程度上有些甚麼分別，我們也難以言詮。但在〈朱雲傳〉裏，寫道：「長八尺餘，容貌甚壯，以勇力聞。」（卷四十二，頁 2930）在今天看來，用「高大威猛」來狀寫朱雲，庶幾無誤矣！朱雲少年時與任俠多所交往，到了四十歲的時候，方才拜師學習《易》、《論語》，在漢元帝時成為博士。朱雲乃是曠達之人，《漢書》云：「雲年七十餘，終於家。病不呼醫飲藥。遺言以身服斂，棺周於身，土周於槨，為丈五墳，葬平陵東郭外。」（卷六十七，頁 2916）此言朱雲到了七十多歲時，在家中逝世。在病重之時，朱雲既不請醫生，也不服藥。只留下遺言，以身上穿的衣服入殮，用僅能容下身的小棺材，墓穴能放下棺槨就可以了。結果，朱雲的墳只有一丈五尺長，安葬在平陵東郭外。

第六位是金日磾。在本傳裏，可知金日磾並非漢人，而是匈奴休屠王的太子。有一次，漢武帝遊宴看馬，嬪妃皆隨侍左右。養馬人牽馬走過大殿時，皆偷看嬪妃們，唯用金日磾沒有這樣做。漢武帝看見金日磾「長八尺二寸，容貌甚嚴，馬又肥好」（卷六十八，頁 2959），便對他留下了深刻印象，更任命為馬監。後來，金日磾晉升為侍中、駙馬都尉、光祿大夫。原本無姓，漢武帝以為休屠作金人祭天，故賜姓金氏。這裏的「容貌甚嚴」，可理解為容貌長得威嚴，配合八尺二寸的身高，金日磾應該也是一位高大威猛的匈奴人。

嘉祥武氏墓群石刻中的金日磾（左）
與休屠王（右）（維基共享資源）

　　第七位是王商。《漢書》本傳對他的容貌有較為詳細的描寫：
「為人多質有威重，長八尺餘，身體鴻大，容貌甚過絕人。」（卷
八十二，頁 3370）此言王商為人樸實，外表威嚴，身高八尺有餘，身
材魁梧，相貌堂堂，非同常人。王商的威嚴，甚至可以震懾匈奴人。
在漢成帝河平四年（前 25），匈奴單于朝貢，引見到白虎殿。當時已
為丞相的王商坐在未央宮中，單于走上前，拜見王商。王商起身，
離開坐席跟單于說話，單于仰視王商容貌，非常敬服他，連連後退。
漢成帝聽到此事後，對王商讚嘆有加，並謂這真是漢相啊！一個好
的政治人物，必然要有他的震懾能力。就之而不見所畏的，這些人
多半不會取得大成就！

　　第八位是陳遵。《漢書》置陳遵於〈游俠傳〉裏，「長八尺餘，長
頭大鼻，容貌甚偉。」（卷九十二，頁 3711）游俠的行為可能不符合

正義的要求，但能夠行俠仗義，解人於危難之中，司馬遷在《史記‧游俠列傳》是較為認同游俠的行為。班彪於司馬遷此議，並不認同，嘗譏評司馬遷「道游俠，則賤守節而貴俗功，此其大蔽傷道。」[1] 班固繼承父說，於〈游俠傳序〉中，亦針對司馬遷此議而反駁之云：「郭解之倫，以匹夫之細，竊殺生之權，其罪已不容於誅矣。觀其溫良泛愛，振窮周急，謙退不伐，亦皆有絕異之姿。惜乎不入於道德，苟放縱於末流，殺身亡宗，非不幸也！」（卷九十二，頁 3699）顯見班固深惡游俠，以為不入於道德。考察此傳之首，班固蓋以為游俠之興，其弊有至於「棄國捐君」、「竊符矯命」、「戮將專師」，如是，則周室以來，百官庶民「守戰奉上」之義遂廢，是以痛恨游俠（卷九十二，頁 3697）。至於陳遵，「容貌甚偉」之餘，也是「長八尺餘」，相貌一表堂堂（卷九十二，頁 3711）。今天，在網絡的用語上，會用「高富帥」來形容一些帥氣的男生，在高、富、帥三者之中，以「高」為首，而漢代儀表出眾的男子，《漢書》每多特書其身高，則古今美男帥哥標準可謂暗合矣。陳遵生活於西漢末年，性好飲酒，擅長書法，賓客眾多，嘗因鎮壓亂事有功，獲封嘉威侯。新莽時曾出使匈奴，更始帝進入長安後，陳遵滯留於朔方郡，未及回歸，而在醉酒間遭賊兵殺害。

　　第九位是班伯。《漢書》的作者是班彪、班固父子，而班伯是班彪的伯父。在《漢書‧敘傳》裏，提及「大將軍王鳳薦伯宜勸學，召見宴昵殿，容貌甚麗，誦說有法，拜為中常侍」（卷一百上，頁4198）。此言王鳳薦舉班伯適合侍讀，於是皇帝在宴昵殿上召見班

1　《後漢書》，卷四十上，頁 1325。

伯，因其容貌漂亮，誦讀講説皆有法度，故拜官中常侍。班氏父子以為班伯「容貌甚麗」，是事實之餘，或許尚有一點私心。畢竟，二人乃班伯之後，班伯「容貌甚麗」，自己亦有着良好的遺傳基因。另一方面，歌頌先祖，也是中國人的美德，或許也是班伯得以「甚麗」的原委。

第十位是董賢。董賢的「美麗自喜」（卷九十三，頁 3733），前文已述，此不贅言。

前文所見，《漢書》並不介意描寫傳主相貌，我們看今天的人物傳記，未必關心傳主是否貌美。有俊男，自有醜男，以下順帶一提。一是蔡義。《漢書》本傳如此描述：「義為丞相時年八十餘，短小無須眉，貌似老嫗，行步傴僂，常兩吏扶夾乃能行。」（卷六十六，頁 2899）蔡義是漢昭帝的老師，後來在霍光的推薦下當上了丞相。這裏説蔡義當丞相時已經高齡八十多歲了，身材矮小，沒有鬍鬚，眉毛也脱落了，臉相如同老婦人，走路彎腰曲背，常常需要兩名屬吏扶持才能行走。這是《漢書》對蔡義容貌的描述，以下則為蔡義自道：「臣山東草萊之人，行能亡所比，容貌不及眾。」（卷六十六，頁 2898）蔡義自言乃是山東田野的平民，德行才智無過人之處，容貌也趕不上眾人。樣貌在一般人之下，這是蔡義的自我評價。

還有游俠郭解。敘寫郭解，並非始自班氏父子《漢書》，《史記·游俠列傳》太史公曰「吾視郭解，狀貌不及中人」（卷一百二十四，頁 3189），司馬遷跟郭解有親身接觸，能夠説出「吾視」云云。班氏父子編撰《漢書》，距郭解已遠，自不可能「吾視」。然而，《史記》兩次提及郭解「短小精悍」、「短小」（卷一百二十四，頁

3185、3188),《漢書》在前者改為「靜悍」,後者則沿用「短小」(卷九十二,頁 3701、3703),則郭解個子不高大,可作定論。觀乎前言美男全屬高個子,則郭解之「不及中人」,亦可堪理解矣。

今天是「有圖有真相」的年代,誠然,圖畫和相片也有造假的可能,隨着科技發展日新月異,修圖應用程式多不勝數,看到了某人相片,也未必是某人的真實面貌。本文所舉《漢書》裏的美男帥哥,乃是兩千年前班氏父子的真實紀錄。原來,即使沒有圖像輸出,也不影響我們關注古人的容貌。

對號入座的千古奇文 ——20——

《漢書》記載西漢一代史事，起自高祖，終於孝平、王莽之時，斷限清晰，乃我國古代第一部紀傳體斷代史。自此以後，繼踵者甚多，此體遂構成了正史的絕大部分。所謂紀傳體史書，有紀也有傳，還有表與志。此中「志」近於後世所説的制度史，任何制度不可能憑空而來，因此即在《漢書》般的斷代史裏，不少史書的「志」還是有着通史的寫法，即不作斷代而論。

　　但《漢書》有一篇奇文，不但述及前代，更只有前代，沒有漢代，而置於《漢書》之中，那便是《漢書・古今人表》。唐代劉知幾《史通・表曆》云：「其書上自庖犧，下窮嬴氏，不言漢事，而編入《漢書》，鳩居鵲巢，蔦施松上，附生疣贅，不知翦截，何斷而為限乎？」[1] 劉氏便批評此篇不及漢事，只錄庖犧至嬴秦。可是，班氏父子是真的不明白這個道理嗎？《漢書》載錄漢事，合乎天經地義，

1　劉知幾著；浦起龍通釋：《史通通釋》（上海：上海古籍出版社，2009 年），卷三，頁 48。

不錄漢事，可說是自壞體例。然而，《漢書・古今人表》明確指出是篇之目的乃是「顯善昭惡，勸戒後人」（卷二十，頁 861），則載錄前人事跡，以勸戒今人，實其編撰目的，殆無可疑。宋人黃履翁以為不評前漢人物乃是「畏避閣筆」。[1] 錢大昕亦謂有古無今乃係「今人不可表」，故「表古人以為今人之鑒」。[2] 梁玉繩所言最能道破班固苦心，其曰：「若表今人，則高祖諸帝悉在優劣之中，豈孟堅所敢出哉！」[3] 班固乃東漢人，其時權貴尚乃西漢貴胄後代；評論今人，西漢諸帝亦不免於其中，若班固品評其高下，評論其是非，或招牢獄之災、殺生之禍。

〈古今人表〉在篇名裏雖然用上了「古」與「今」兩個字，實際上卻是以古為鑒，以古人為例。古人有些嘉言懿行，抑或殘暴不仁的行為，從而次列某等；今人觀之，便可達到見賢思齊，見不賢而內自省，趨善避惡之效也。因此，今人只要對號入座，便構成了「今」的部分。可以這樣說，〈古今人表〉是一篇開放式閱讀的文章，讀者的投入，構成了重要的一部。另一方面，漢人行為的優劣，《漢書》已在書中各篇詳細分析，只要我們將其分門別類，將漢人對號入座，同樣可以做到「顯善昭惡」的作用。

《漢書・古今人表》將人分九等，分別是：上上聖人、上中仁

1　黃履翁：《古今源流至論》（上海：上海古籍出版社據文淵閣四庫全書本影印，1987 年），卷五，頁 4B。

2　錢大昕：《廿二史考異》，載陳文和主編：《嘉定錢大昕全集》（南京：江蘇古籍出版社，1997 年），卷六，頁 140。

3　梁玉繩：《人表考》，載《史記漢書諸表訂補十種》（北京：中華書局，1982 年），卷一，頁 493。

人、上下智人、中上、中中、中下、下上、下中、下下愚人。《漢書‧古今人表》共載 1587 人的評第，時代愈早，賢人愈多；時代愈後，愚人愈多。傳說時代的人每多屬於第一等（上上，有八人）和第二等（上中，有一百零九人）。到了戰國與秦的階段，無人在第一等，但尚有三十七人在第七等，二十一人在第八等，以及九人在第九等。由是觀之，〈古今人表〉明顯地有着貴古賤今的想法。

那麼，《漢書》是以甚麼標準來排列古人呢？孔子距離我們十分遙遠，接近三千年；但距離班固也有五百年。因此，並不見得《漢書》會比我們有着對孔子更為透徹的認識。顯而易見，《漢書‧古今人表》必需借助某些書籍作為古人排列的依據，而《論語》便是其中的要籍。[1] 讓我們利用孔子學生及部分歷史人物在〈古今人表〉的排序為例加以說明。

首先是「孔門十哲」。據《史記‧仲尼弟子列傳》、《孔子家語‧弟子解》所載，孔子弟子共 77 人；其言行有見於《論語》者 29 人，此中見於《漢書‧古今人表》者共 24 人。

德行：顏淵，閔子騫，冉伯牛，仲弓。言語：宰我，子貢。
政事：冉有，季路。文學：子游，子夏。（11.3）[2]

---

1 梁玉繩云：「書首祖述夫子之言，《論語》中人物悉見于表，而他書則有去取。」（梁玉繩：《人表考》，載《史記漢書諸表訂補十種》，序，頁 467。）可知《漢書‧古今人表》載錄人名雖多，然其載錄準則有如此者，即《論語》有載某人遭際行誼，〈古今人表〉便予以載錄。可參拙作〈「表章正學，有功名教」──論班固《漢書‧古今人表》品評人物與《論語》之關係〉，載《九州學林》第 39 卷（2018 年），頁 3-35。

2 《論語注疏》，載《十三經注疏（整理本）》（北京：北京大學出版社，2000 年），卷十一，頁 160。

孔門四科十哲，始見於上引《論語》條目。梁玉繩《人表考》孔門四科十哲以為「始見《論語》」，可謂知言。班氏父子悉數列入〈古今人表〉「上中仁人」和「上下智人」之列。孔門教學尤尊德行，是以「德行」科之顏淵、閔子騫、冉伯牛、仲弓俱位列第二等「上中仁人」，而「言語」、「政事」、「文學」三科六哲俱位列第三等「上下智人」之列。且十人之排序，即由「顏淵」而至「子夏」，亦與上引《論語・先進》第三章之序次完全相同。

翁聖峰〈《漢書・古今人表》試論〉指出：「〈古今人表〉在同一等第當中，雖然主要是以時間先後來安排人物，但吾人若比對《史記・仲尼弟子列傳》這個疑問可能就可以迎刃而解，該列傳裏顏淵、閔子騫、冉伯牛、仲弓即被排在最前面，〈仲尼弟子列傳〉即將曾子列在其父曾皙之前，顏回列在其父顏路之前，〈古今人表〉即是承襲《史記》的安排方式而已。」[1]翁氏所言可商，《漢書・古今人表》當直據《論語》入文，故列出「顏淵、閔子騫、冉伯牛、仲弓」之序次，而非據《史記・仲尼弟子列傳》。

張蓓蓓〈《漢書・古今人表》對《論語》中人物的品第〉以為「孔門弟子中，顏淵德行最高，勇於行仁」，「孔門十哲之中，顏、閔等四賢有『德行』之目，已經列在二等；其他予、賜、游、夏諸賢也各有所長」。[2]其實，孔門四科十哲以德行為尊，殆無異議，其他三科自在「德行」之後；大抵班固亦無意細究三科（言語、政事、文學）

1　翁聖峰：〈《漢書・古今人表》試論〉，載《輔仁國文學報》第 13 卷（1998），頁 193。

2　張蓓蓓：〈漢書古今人表對論語中人物的品第〉，載《孔孟月刊》第 24 卷第 3 期（1985 年），頁 36、37。

六哲是否符合「上下智人」之標準，「各有所長」與否皆不重要，只因三科不及德行而置於第三等。

其次是冉有。〈古今人表〉次冉有於第三等「上下智人」之列。劉知幾《史通．品藻》批評〈古今人表〉「進仲弓而退冉有」，[1] 周壽昌《漢書注校補》卷十三云：

> 劉知幾氏《史通．品藻篇》譏表中進仲弓而退冉有，求諸折中，厥理無聞。以仲弓第二，冉有第三也。不知班氏因冉有為季氏聚斂，夫子有鳴鼓而攻之語。季氏將伐顓臾，夫子有求乃爾過之責，故進彼而抑此。壽昌所謂班氏是非一以孔氏《論語》為斷者此也。[2]

周壽昌以為冉有的排名所以後於仲弓，乃因冉有曾經是魯國大夫季康子的家臣。冉有曾為季氏徵稅而被孔子責罵；在季氏準備攻打顓臾之時，孔子亦以為乃是冉有之責任。周氏言是，尚可補充。據上引《論語．先進》第三章所列孔門十哲，仲弓列德行科第四人，冉有居於政事之首，即在十哲之中排名第七。班固據《論語》十哲之序，依次錄於〈古今人表〉，非因助季氏聚斂之過。

其次是殷之三仁。微子啟為商之貴族，紂王之庶兄。屢向紂王進諫而不聽。殷亡以後，降周。箕子亦商之貴族，乃紂王叔父。勸諫紂王，不聽反囚。武王克殷後釋之，並問之以治國之道。比干乃

1　《史通通釋》，卷七，頁 173。

2　周壽昌：《漢書注校補》（上海：上海古籍出版社，1995 年），卷十三，頁 10A。

殷宗室，紂時為丞相。犯顏直諫，終為紂王殘殺。孔子嘗評論三人，《論語・微子》云：

> 微子去之，箕子為之奴，比干諫而死。孔子曰：「殷有三仁焉。」（18.1）[1]

《漢書・古今人表》具列三人為第二等「上中仁人」，且按此序排列，可見班固所據乃係《論語》。

再者是大師摯等八人。大師摯、亞飯干、三飯繚、四飯缺、鼓方叔、播鼗武、少師陽、擊磬襄等八人為古代樂官，具體生平事跡無考，惟《論語・微子》載文一章，如下：

> 大師摯適齊，亞飯干適楚，三飯繚適蔡，四飯缺適秦，鼓方叔入於河，播鼗武入於漢，少師陽、擊磬襄入於海。（18.9）[2]

大師為樂官之長，亞飯、三飯、四飯皆古代樂官名。古時天子、諸侯用飯都得奏樂，故設眾多樂官之職。鼓方叔乃擊鼓者名方叔；鼗乃小鼓，兩旁有耳，播為搖義，此人名武；少師乃樂官之佐，陽為人名；擊磬襄或謂即師襄子也。《漢書・古今人表》八人按序並在第三等「上下智人」之列。據〈人表〉所載，以為八人約生活於商末周初之時。梁玉繩《人表考》云：「大師摯以下八人，惟見《論

---

1 《論語注疏》，載《十三經注疏（整理本）》，卷十八，頁280。
2 《論語注疏》，載《十三經注疏（整理本）》，卷十八，頁289。

語》。」[1] 今據梁說，知班氏以此八人納入〈古今人表〉，八人之序次與《論語》此章之文全同，可見班氏之依據實為《論語》。

史書有一種看了令亂臣賊子懼的威力，有人稱之為《春秋》筆法。那怕是君主、諸侯、權臣、財閥，只要其行有違正義，史官便可加以貶斥。《漢書·古今人表》便是這樣的一篇奇文。夏、商、周三代開國君主，帝禹夏侯氏、帝湯殷商氏、文王周氏，俱列第一等上上聖人。春秋五霸，齊桓公列第五等，晉文公列第四等，秦繆公列第四等，楚莊王列第四等，宋襄公列第六等。秦始皇結束春秋戰國以來諸侯混戰局面，只能列第六等。看到這些君主諸侯的次第，我們有些甚麼啟發？全篇〈古今人表〉裏最後一位第一等上上聖人，乃是孔子，孔子以後，再沒有聖人。從前的是最好，歷史發展下來，時代變得愈來愈差，好人少了，壞人多了，這是〈古今人表〉給讀者的感覺。

前代君主與諸侯，也沒有甚麼好排名。如果班氏真的要將西漢帝王放到〈古今人表〉，應該如何做呢？漢高祖劉邦是開國君主，擊敗項羽，並將異姓諸侯王的問題基本上解決，功勞極大。但只要我們看到他在逃難之時，為了減低馬車負重，三番四次將兒女（漢惠帝、魯元公主）推踹下車，連為劉邦駕車的夏侯嬰也看不過眼，我們便只能不齒其為人。又如漢景帝，雖有「文景之治」加持，但在登基前已使用棋盤暴力殺害吳王太子，在吳楚七國之亂時急於將責任推卸在晁錯身上等，已可知景帝並非賢德君主。凡此種種，〈古

1　《人表考》，載《史記漢書諸表訂補十種》，卷三，頁 576。案：王先謙《漢書補注》亦云：「太師摯下見《論語》。」（《漢書補注》，卷二十，頁 1035。）

今人表〉大抵亦只能列於第五等以下。其他如漢成帝、漢哀帝等，更是難於次列。因此，〈古今人表〉只有古人而無今人，實在正常，讀者只要在閱讀之時，能夠做到對號入座，便不枉班氏撰寫本篇的用心。

責任編輯　　張俊峰
書籍設計　　霍明志
排　　版　　周　榮
印　　務　　馮政光

書　　名　　微觀《漢書》：史家筆下的西漢人和事

叢　書　名　　學者講壇

作　　者　　潘銘基

出　　版　　香港中和出版有限公司
　　　　　　Hong Kong Open Page Publishing Co., Ltd.
　　　　　　香港北角英皇道 499 號北角工業大廈 18 樓
　　　　　　http://www.hkopenpage.com
　　　　　　http://www.facebook.com/hkopenpage
　　　　　　http://weibo.com/hkopenpage
　　　　　　Email: info@hkopenpage.com

香港發行　　香港聯合書刊物流有限公司
　　　　　　香港新界荃灣德士古道 220－248 號荃灣工業中心 16 樓

印　　刷　　美雅印刷製本有限公司
　　　　　　香港九龍官塘榮業街 6 號海濱工業大廈 4 字樓

版　　次　　2024 年 6 月香港第 1 版第 1 次印刷

規　　格　　32 開 (148mm×210mm) 204 面

國際書號　　ISBN 978-988-8869-60-2